宗教を哲学する

国家は信仰心をどこまで支配できるのか

【対論】

塩野谷恭輔 Shionoya Kyousuke
仲正昌樹 Nakamasa Masaki

明月堂書店

目次

旧統一教会問題をどう考えるか　7

STAGE 1

困難な時代に宗教と向きあう　37

STAGE 2

STAGE 3

公共的理性と宗教の錯綜 97

STAGE 4

国家と宗教の迷宮 145

STAGE 1

旧統一教会問題をどう考えるか

■旧統一教会が自民党を支配しているという幻想

塩野谷　安倍元総理が銃撃されていらい、政治と宗教の問題が大きく浮上してきました。政治と宗教というテーマはきちんと理解されていないまま、言葉が独り歩きしているように感じられます。

仲正　安倍元首相の暗殺という、一九三〇年代の政情の混乱を連想させるようなショッキングな事件が起こり、その犯人の動機形成に、韓国生まれで、安倍氏と関係が深いらしい統一教会という奇妙な宗教が関与していた、ということが報道されて、いろいろ物語的な連想が働きやすくなったのでしょう。安倍氏は、統一教会との関係を通じて、自らの死の原因を作ったのではないか。そこから更に、アベノミクスの下での格差拡大、「美しい国」という標語の下での右傾化など、安倍政治の負の要素が、全て統一教会との関係から生まれてきた、「統一教会問題」こそが、日本を長年にわたって苦しめてきた元凶ではないか、という、負の大きな物語が発生したのではないか。

　旧統一教会にそんな力があるなんて、妄想もいいところですが、多くの人にとっては、統一教会の実力よりも、日本の不幸を生み出した悪の根源をめぐる、一貫性のあるように見える「物語」の存在が重要なのでしょう。自民党の議員は、不平不満を言わないで、選挙のお手伝いをしてくれる要員がほしくて、たいして考えもしないで、旧統一教会に媚びを売っていただけです。信仰で結び付いているわけではありません。少なくとも、今名前の挙がっている国会議員に信者はいないでしょう。

信者になるには少なくとも、教義を一通り理解して、文夫妻を真の父母と認め、彼らから祝福を受け、その後も彼らの導きの下で生きていくと誓うことが必要です。そこでは天皇だって堕落人間なのです。その一方で、選挙の手伝いなどをしてくれる若い二世信者は、原罪なしに生まれてきた神の子です。そんな教義を、保守的な思想を持っていて、プライドの高い議員たちが簡単に受け入れるでしょうか。宗教に理解のない左翼の人たちは「信者」という言葉を簡単に使いすぎます。同じ信者であれば、いざという時に信用できるが、ただのギブ・アンド・テイクの関係だと、いつ裏切るか分かりません。私がいた頃、日本の幹部たちは、普段懇意にしている政治家や役人に不信感を抱いていました。政治家の側も、かれらを利用しているだけなのですから。

旧統一教会の問題について、ジャーナリストの人たちもそうですが、宗教学者の人たちはいったい何を研究しているのかと思います。宗教団体が政治に働きかけて悪さをしているとか言いますが、右翼も左翼も同じことをやってるわけです。宗教団体が特権を得ているというのは、宗教法人としての税金の免除ですけど、営利事業には課税されているわけで、固定資産税以外は一般の任意団体と変わらない。宗教団体が政治（選挙）に関与しているのは、国民としてふつうのことです。

旧統一教会に関しては、メディアも妄想を撒きすぎです。旧統一教会が自民党を支配しているなんていうのは、どこから出てくるんでしょうか。霊感商法とか高額献金とか、問題があるのは事実です。そこを批判するのはいいんですが、それだけだと視聴者が乗っかって来ないから、旧統一教会が自民党を支配しているという陰謀論をめぐらせる。これは幻想なのです。個々の被害や具体的な事実を検証していくことこそが必要なんです。

メディアの報道の仕方も問題があります。自分たちが批判する相手の言い分を、ほとんど聞こうとしていない。オウム真理教の問題のときは、疑問があれば上祐史浩をスタジオに招いて、かれらの主張を喋らせていました。あれはあれで良かったと思うんですよ。上祐さんの話に納得がいかなければ、その場で訊けたから良かった。これはべつに宗教団体にかぎらず、批判をするのなら相手をスタジオに招いて、言い分を訊けばいいんです。記者会見に行くのではなく、呼んで話を聞く。その手続きを踏んで、はじめてジャーナリズムといえるのではないか。

もちろん呼んで訊いても、面白くないことしか喋らないと思いますよ。田中会長が言っていることと同じか、下っ端の会員がペロッと真相を喋っても、上の人間が記者会見で訂正するとか。そんなのは見えてますけど、手続きは踏まないと、一方的に批判をしても等身大の実態が見えてこない。マスメディアというのは、そのどうでもいいようなプロセスをくり返して、はじめてジャーナリズムたり得るんです。あらかじめ結論が決まっている現状の報道やワイドショーでは、問題の本質は見えてこない。

ましてや宗教学者であれば、もっと掘り下げたフィールドワークが必要です。君たちはどうしてこれをやったのかという、ギチギチした現場の検証や考察をかさねて、はじめて宗教社会学になるはずなんです。

塩野谷　安倍元総理が銃殺されて、霊感商法や高額献金の被害についてセンセーショナルに報じられてきましたね。ですが正直なところ、旧統一教会にそういう問題があることなんて、これまでもみんな知っていたことなんじゃないの？　と思いました。実際、統一教会の霊感商法が社会問題化して、全国霊感商法弁護士連絡会が結成されたのは今から三十年以上前の一九八七年です。ただ、どうやらそれは私が宗教学をやっていたから知っていたし、そう感じたというだけで、世間的には忘れ去られていた教団の事件だったようです。宗教学者たちもオウム事件がひと段落した二〇〇〇年代以降、今日にいたるまで、新しいことはほとんど言っていないと思います。

たとえば今回のことでは、メディアで取り扱われている批判の軸は二つあります。ひとつは憲法上の政教分離規定に反するというもので、自民党との癒着が問題にされていますが、何が根本的な問題なのかは明らかにされていません。政治と宗教がどうあるべきか、もちろん宗教学の内部では多くのものが書かれてきたとはいえ、それがメディアにおいて、宗教学者によってことさら議論されているわけではない。もうひとつは霊感商法の問題ですが、公正な取り引きではない、つまり市場の論理に反するという点からの批判になっている。弁護士などの法曹がそういう批判をするならわかるけれども、宗教学者がそういう批判をするとすれば、そこにも問題はあると思う。

宗教学者たちが踏み込んで発言できない、あるいはその批判が不自然に感じるとすればそれは、オウム事件のときのトラウマから来ているんじゃないかという気がします。オウム事件のときはまだ私は生まれていなかったんですが、私の所属している東大宗教学研究室出身の島田裕巳さん[※1]や中沢新一さんが当時、オウムの宣伝に加担したという批判を受けた。それはもちろん加担した側面はあるでしょうけど、激しく批判されてトラウマ的になっている。日本の宗教学そのものが、自信を持てなくなったという側面はあるでしょう。もちろん自信を持てばいい

※1　島田裕巳　宗教学者、作家、東京女子大学非常勤講師。著作は一五〇冊を越え、主著に『葬式は、要らない』『創価学会』『オウム――なぜ宗教はテロリズムを生んだのか』など。

という話ではないのだけど、たんに「加担したからよくなかった」というのは、総括ではないですね。じゃあ、加担しなければそれでいいのか？　という話になる。そうではない。自分の言論に責任を持つということは、ときに何かに加担してしまうとしても、言うべきことははっきり言っておくということではないのか。最近はすぐに、「こういう言説はこれこれに加担しているからダメだ！」という批判を聞くし一理あるのかもしれないけど、そういうのは必ずしも本質的な批判とはいえないですね。

いま、人文学を中心に文系学問全体が役に立つとか立たないとか言われていますが、当時はそういうことで宗教学は役に立たなかったじゃないか、と言われた。オウムの場合は巨大な武力を持っていたこともあって、殺人も厭わない団体でしたから、中に入ってフィールドワークするというのもそれほど簡単ではなかった。そしていまや、教団に潜入調査などできないし、研究倫理上もアウトだと言われるでしょう。ですから、いまの旧統一教会にたいしても、中に入って調べたりはしない。

旧統一教会問題をめぐるジャーナリズムの言説についていえば、パンデミックという事件が陰謀論的な思考に力を与えたという事情はあるのではないか、と思います。たとえば参政党という極右政党がありますが、あれは右派陰謀論的な世界観を前面に押し出していて、先の参院選では議席を獲得するまでになった。もっとも、参政党の場合は青年会議所の票を攫ったという話もありますが。いずれにしても、陰謀論的な世界観が政治的な実効性を持つようになったわけです。スケールは少し小さくなりますが、いま話題のcolabo騒動の渦中にある暇空茜[※2]なんかもそうでしょう。情弱で政治的想像力に欠けた人たちを巻き込んで、自身の右派陰謀論的な世界観を共有させている。ですが、こうした傾向は別に右派に限った話ではなく、左派やリベラル派においてもそうです。たしかに運動上の戦術としては、象徴的な敵を掲げることもあるでしょう。特定秘密保護法の反対運動や、いわゆる「二〇一五年安保」以降のリベラル派市民運動において、その象徴的な敵は「安倍晋三」でした。

だが、こうした構えは、その敵さえ倒せばすべてが変わるというような幻想を生み出す。じっさい、安倍氏が政権から降りても政治がすべて変わったわけではないし、より悪くなった点もあるでしょう。ここで隠蔽されているのは、現実の政治の構造というのは複雑で、そう簡単に象徴化できるわけではないという事実です。しかし、その不安に耐えられないから具体的な

※**2**　暇空茜　ゲームクリエーター。本名は水原清晃。若年被害女性等の支援をおこなっている一般社団法人Colaboに対し生活保護を不正受給しているなどと主張し、住民監査請求をおこなうもその主張のほとんどは斥けられている。暇空の支持者はネット上で、Qアノンをもじって「暇アノン」と蔑称されている。

敵を過大評価したり、日本の政治を支配している黒幕を想定してしまう。そして暗殺で安倍晋三は絶命したが、その代わりに新たな象徴的な敵として旧統一教会が浮上した。

仲正　なるほどね。オウムの時に、いちばん被害を受けたのは島田裕已さんですが、今回はいちばん冷静に発言していますよね。かれは旧統一教会のことはあまり知らないんだけど、じっさいにお話をしてみて、必要以上に不安を煽るようなことはおっしゃらない方だと思いました。

内部に入って調査できないというのは不幸なことなんですが、マインドコントロールだと批判するのなら、いちど内部に入ってみろと思うんです。いちど教会員と一緒に生活をしてみろと。思想や理論を共有するのがマインドコントロールだというなら、左翼団体でも右翼でもやっていることなんです。

■宗教研究者たちの不作為

仲正　思想団体にかぎらず、人間が四六時中いっしょにいれば、何らかのマインドコントロールは成立しますよ。共同生活までしなくても、仲間うちや会社組織でも何でも。人間というのは他人の意見に反応して、その言葉や身振りに同調する存在なのですから。相手の話に批判や反発をしないで同調するなら、誰でもどこでも。それをマインドコントロールと言っていたら、マスメディアは同調をつくり出しているという意味で、四六時中マインドコントロールをしていると言えます。

宗教学の研究者なら、マインドコントロールを分析して、旧統一教会はここまで同調させるから危険だとか、あるいは離脱できるマインドコントロールだから軽いんだとか、詳細に分析してもらいたいのです。漠然とマインドコントロールと言っていれば何か問題が解決するわけではなく、その実態を分析する。それが研究だと思うんです。私も旧統一教会のことをすべて知っているわけではありません。もっとディープなマインドコントロールの手法があるのなら知りたいから言うんです。ジャーナリストの人たちもきわめて表面的なことばかりで、霊感商法も強引なセールスと同じように捉えているんじゃないか。かつてのカルト宗教批判には、眠らせないと脳の活動が低下して、教義を刷り込まれやすくなるとか、そういう具体的な批判もありました。それは左翼も右翼も、やっていたことじゃないかというのはありますが――。

でもそれは時間が経てば、ある程度は判断力が回復するんです。解けるマインドコントロールだと思う。たとえばツーデイズ、セブンデイズのワークショップ[※3]ですが。今もやってるかど

※3　ツーデイズ、セブンデイズのワークショップ　泊まり込みの修練会（セミナー）。

うかは知らないけど、人里はなれた秋川市の河川敷で開催するわけです。そんな簡単には逃げ帰れない辺鄙なところに連れて来ても、イヤだと思って離脱する人はいました。真夜中に荷物を持って出ていく人はいたんです。本当にイヤだったら逃げますし、ワークショップ中は大人しくしていて、終わった後、迎えに来る各大学のCARPのメンバーに連れて帰ってもらったあとで「はい、さようなら」というのが結構ありましたね。

カルト問題を取材しているルポライターの米本和弘さんが言ったんだと思うけど、旧統一教会の延べ人数は五十数万人だそうです。現在が数万人だとすれば、十倍ちかい人が離脱しているわけです。解けないマインドコントロールではないということになる。だとしたら、今も残っている信者たちは何なのか、私のように十年あまりいて中途半端に辞めた人間は何なのか、そういうところに関心をもって考察するのが宗教学者ではないかと思う。そのうえで、私がマインドコントロールが解けていないとか言うんだったら、それを具体的に分析してみせろと思うんです。共同生活の体験をして、それを分析する方法もあると思う。教団の内部に入って調査・分析するのに、入信する必要はないと思うんです。あなたたちと同じ生活を、一週間でいいからやらせてくれと。私が帰って来なかったら、誰それが迎えに来るから帰してくれと、約束して生活体験をする。そういうことをやればいいと思うんです。どういう人がマインドコントロールを受け容れやすいかという分析、分類において、島薗進さんも塚田穂高さん[※4]も、ちょっと粗いなと思う。私みたいなインテリタイプと、普通の主婦の二類型しかないような感じだ。学生にもいろんなタイプがいるし、東大卒だと研究者にする、弁護士になって欲しいというコースがある。福本修也（弁護士）はいっしょに住んでいたこともあるのでよく知っていますが、最初から司法試験コースだった。物販の能力が高い人もエリートコースになるし、私みたいに「こいつ困ったな」というタイプもいるわけです。それはもう、さまざまなんですよ。

女性では壮婦と呼ばれる人たち、山上徹也のお母さんのように高額寄付する資産を持っているひともいれば、着の身着のままで教団のために物売りをするとか、施設の掃除をするしか奉仕の手段を持っていない人もいるわけです。千差万別ですから、類型化するのは難しいんです。オウム真理教は規模としては一千人ほどだったけど、それでも理系研究者のエリートがいるいっぽうで、元ヤクザの人なんかもいた。旧統一教会は数万人いるわけですからね。

二世信者についても、小川さゆりさんが典型みたいに報じられていますが、多種多様ですよ。まず教団の中で生活している人と、外部で暮らしている人はまったく違います。教会に通って

※4　塚田穂高　宗教社会学者。伝統宗教や新宗教と政治の関係について研究している。著作に『宗教と政治の転轍点』、編著に『日本の右傾化』など。

くる中で、信仰の強い人とそうでない人と区分されて、育てかたも違ってくる。とくに韓国留学組とそうでない人たちは大きく違う。そういう具体的な調査や分析を欠いたままだと、教団そのものが謎になってしまう。等身大の教団、信者たちを分析する必要があるのではないか。ジャーナリストの人たちも、教団の不動産が抵当に入っているのかどうか、調べてみればいいんです。松濤の本部や新宿にある成約ビルなんかも、調べてみるといいんです。世界日報のビルに行ってみれば、旧統一教会の現状がわかるはずです。衰退の一途ではないでしょうか。

塩野谷　宗教団体の中にはいって、調査分析することができないかというお話がありましたが、要するにフィールドワークのことですね。昔はやっていたんですよ。それこそ島田裕已さんとか中沢新一さんも、研究の手法としてやっていた世代なんです。当時の東大宗教学研究室は、柳川啓一[※5]さんが教授だった時代に、それがメインストリームの研究方法だった。教団の中に、自分が研究者だということを隠して、一般信者として参加するんですね。一定の期間、教団の中で生活をして、見聞したことを分析して書く。スタンスとしては、教団と信者に寄り添ったかたちで接し、それを論じるということをやっていた。いわゆる内在的研究と呼ばれる手法です。

たとえば四方田犬彦さんは、ＧＬＡの幹部候補生扱いだったと言われていますね。中沢さんはネパールに行きチベット密教の修行をした。島田さんはヤマギシ会に入って、戻ってこなかった。それでオウムの時にも、あるいはその後もマインドコントロールが解けていないと論敵からしばしば揶揄されるわけです。マインドコントロールというのは当時、あるいは現在も、臨床心理系の人たちがやる宗教批判の文脈のなかで使われてきた言葉ですが、宗教社会学では理論的に成立しないよね、無理筋だ、という理解が一般的です。宗教社会学者の櫻井義秀さん[※6]は、人間が信仰心に目覚めて宗教団体に入る契機と、マインドコントロールを受けて入信するケースの境目を判別できない、宗教学の理論としては不適格だと言っています。洗脳理論というのは冷戦時代に出てきた心理学の理論だと思います。どちらも似たようなものです。

その後オウム騒動を経て、内在的研究に反省が強いられることになった。教団に寄り添うのではなく、「社会」の視点から裁く立場にたつべきだとされたのです。宗教犯罪の防波堤になるべきであるというのが、宗教学の主流になりつつあるのが現状です。とはいえ裁くという

※5　柳川啓一　宗教学者。東京大学で長年教鞭をとり、中沢新一や島田裕巳、四方田犬彦らを教えた。それまで東大宗教学が目指してきた「固有の方法をもつ学の確立」に対して、柳川は「ゲリラとしての宗教学」を提唱し後進の研究者に大きな影響を与えた。一九九〇年没。

※6　櫻井義秀　宗教社会学者。北海道大学教授。「カルト」研究の第一人者として知られる。著書に『カルト問題と公共性──裁判・メディア・宗教研究はどう論じたか』など。

のであれば、どういう立場からなのかが問題になるわけですよね。だが、そこでいう「社会」とは何なのか。そこで何となく市民社会という概念を持ちだす。塚田穂高さんなんかも、政治的には保守派だけども「市民社会」の立場に立とうとしていますね。しかし「市民社会」などというものがはたして今、存在するのか。コロナから生還したボリス・ジョンソンが「(社会は)あった」と言ったような、アイロニカルな意味でしか存在しないでしょう。そのような荒廃した「社会」の倫理とは、自己責任論に代表される新自由主義の論理に帰結するほかない。

じっさい、彼らが旧統一教会を批判するときに持ち出してくる論理は、公正な取り引きではないからダメだ、とか資本主義のロジック以上ではない。オウムのような教団は、そもそも資本主義の文化など、世俗的なものに対する批判を教義の内に持っていたわけですから、それに対して市民社会や資本主義のロジックで批判したところで、応答になっていないんじゃないかと、ずっと思っていました。

■若者たちが宗教団体を必要とする理由

塩野谷　創価学会をはじめとする戦後日本の新宗教は、かつて都市部を中心に拡大しました。地方のような地縁・血縁の共同性が存在しない都市部において、アトム化した諸個人にとって、教団は生活上の互助組織として機能したわけです。当時の入信動機として「貧・病・争」というようなことが言われていました。学会員数の減少が示しているように、現在では新宗教にそのような求心力はありませんね。ですが、大学内での「カルト」による勧誘が問題になっていることに寄せていえば、地方から上京してきた学生や周囲に馴染めない学生の孤立という問題は依然としてあります。そういう人たちにとって、互助会の役割をサークルが果たしているという現状もある。じっさい、私もサークル運営をやっていた学生時代には、そういうことを心がけていました。

あるいはそういうわかりやすい動機がなくとも、みんななりゆきで入るとか、引き受けるとかいうことがあるはずで、われわれの日常生活には、なりゆきの選択というものが、ふつうにあると思います。わたしが『情況』の編集長になったのも、偶然がかさなって選択したものです。いろんな条件がかさなったり、人に背中を押されたりして決断したわけです。学生がサークルに入るのは、結局のところ理念や宗旨よりも、何かのきっかけや偶然性や、こう言ってよければ縁があってというのが大きい。バイト先で知り合った先輩に誘われて原理系のサークルに参加してみるというのは、人間関係でしょう。

仲正　いまは、駒場寮[※7]にあったような学内サークルは少ないんでしょ。

塩野谷　まあ私も駒場を離れて久しいので正確ではないかもしれませんが、他大学とのインターカレッジサークルが多いようですよ。小さなサークルは、そうでないと人が集まらないのでしょうね。

仲正 容易に人間関係をつくれる、ひとりで世間をつくれる人はいいんですよ。自分で何をやりたいか明確で、目標をもって仕事をこなしていく。ある程度の人間関係があれば、誰かがやるべきことを持って来てくれるので、とくに共同性を培うサークル組織に加わる必要もない。もちろん数は少ないけど、目立つ子や人気のある子は放っておいても、人との関係を結べるわけです。目的意識がハッキリした学生ですね。

ぎゃくに、そういうアイドルのような学生がいると、そうじゃない人間はすごく不安になる。みんなが同じなら不安にならないけれど、ごく一部に優秀な学生がいると不安になるというのはある。教授や周囲からこれをやってくれ、あれをやってくれとオファーがあって、将来の方向性が見えている人がいる一方で、孤立して何も方向性がわからないままの学生もいる。自分はどうなっちゃうんだろうと思うようになる。とくに東大のようなところでは、優秀な人間が際立つと、自分がこんなところに来て大丈夫なんだろうかと思うようになる。

そうなった時に、宗教とか思想系のサークルが何か合理的な目的を与えてくれるように感じられるわけです。ウェーバーで言えばZweckrational[※8]を与えてくれる。自分で目的を決めてもあまり意義があるとは思えないけど、他人に与えてもらうことで役割性が明確になる。君はこれに向いていると、君はこれをやるために生まれてきたんだと言われれば、ちょっとくすぐったいけど、君がやるべきだと誰かに言って欲しいんですよ、人間というのは。そういう学生、若者は潜在的には相当な数でいると思うんですよ。

塩野谷　参加意識とか承認欲求という話ですね。

仲正　それは左翼運動や右翼運動も同じで、参加意識をくすぐることで組織の運動が成り立つわけです。地方出身者の場合、地元では自分は能力があると思っていても、大都市の大学に来ると優秀な人はごまんといる。そこで通常の人間関係の中でコミュニケーション能力のある人は問題ないんですけど、そうじゃない人たちもいる。自分から発信できない人たちは、左翼や右翼、宗教団体のコミュニティに参加することになる可能性が高い。

そこでは何の能力も個性もないと思ってる学生や若者に、君は歴史的な役割を果たせると、

※7　駒場寮　二〇〇一年に廃寮になった東大駒場キャンパスの自治寮。居住者の部屋がサークル部室として使用されていた。

※8　Zweckrational　目的合理。マックス・ヴェーバーの用法に由来する。目的に対してそれを達成する手段が適切であるということ。

社会的な位置を示してくれる。単なるサークルではなく、社会的、歴史的使命をおびた活動に参加することで、物語における役割性を充足できる。これ自体は、否定できない欲求でしょう。人間が生きるためには、物語が必要なんですから。

塩野谷　個人がある集団の中に居場所を感じられるためには、そこで果たすべき役割や自分の存在意義が一定程度可視化されていることが重要になってきます。それはサークルや企業など、どの集団においても共通する話です。それら一般的な集団と、政治運動や宗教運動の集団との差異は、後者が直接的に世界の問題に、大きな物語に結びついているという点ですね。

仲正　そう。世界史的には、原始共産制社会から奴隷制社会、封建制社会をへて資本主義社会と四つのステージを経てきました。二〇世紀は、そこから最終ステージである社会主義・共産主義社会へ向かおうとしているという革命思想がつよい時代だった。その革命は、搾取されてきた階級と搾取する階級との間の階級闘争の結果、前者が勝利する形で成就する。抑圧されてきた者たち、それまでの歴史では存在を忘れられてきた者たちが、階級闘争の主体となり、歴史の勝者になる、というわけです。

塩野谷　スターリン批判以降、社会主義・共産主義的な革命成就が歴史の必然であるという信憑は失われたけれど、それによって歴史の問題が失効したわけではない。かつてのような古典的な史的唯物論は通用しないけれども、歴史の問題は形を変えて残り続けたし、影響力を持ち続けたと思います。

仲正　「唯物史観」が影響をもった理由はいろいろ考えられますが、最も注目すべき要因は、「階級闘争」を強調することでしょう。労働組合運動に参加する労働者や社会的弱者たちに、自分たちが他人のために働かされる苦役から解放されるという希望と、自分がその闘いの戦士になれる。なるべきだという使命感を抱かせることに成功した。この使命感は、自己確認に必要な役割性ですね。

塩野谷　二〇世紀の革命運動の興隆を個々人の使命感や実存的意識に還元することはできないけど、革命運動に従事している個人にとってはそういう感覚はあったかもしれませんね。そして実際、一九七〇年代ごろまでは、先進国において革命のリアリティは確かにあった。

仲正　そうですね。七〇年代までは、主流の思想に成りうる世界的な情勢があった。冷戦構造の崩壊とともに、物語は終焉するわけですが。

今回の宗教というテーマに引きつけて言えば、唯物史観のもう一つの強みは、無神論でありながら、世界創造以来の「歴史（＝物語）historia」を、神に導かれた「神の国」と、堕天使が支配する地の国の闘いと見るキリスト教の終末史観に符合する。あるいはその終末が近いとして、人々が行動を起こす千年王国運動など、キリスト教的な言説・運動と深層において通じていることではないか。賃金奴隷からの解放という、幸福な目的を提示しえたこと。それが民衆が抱いていた、キリスト教のユートピアのイメージに似ていたので、比較的スムーズに感情移入しやすかったのかもしれない。

マルクス主義を標榜するボリシェヴィキ革命がロシアで成功し、ソ連が巨大な工業・軍事国家となります。第二次大戦後、社会主義国が相次いで誕生したことで、一時期、唯物史観の告知した未来が法則通りに実現しつつあるように見えたわけです。「唯物史観」は歴史の発展法則であると同時に、人々に自分たちがユートピア実現に向けての大きな流れに参加していると感じさせることのできる、壮大な物語でもあった。ところが社会主義が実現した理想は、過酷な統制力をともなうものでした。

■ポスト「歴史」と「近代の物語」

仲正　一九五〇年代以降、ソ連の人権弾圧や自らの影響圏にある諸国に対する横暴な振る舞いが、国際世論の批判に晒《さら》された。七〇年代以降は、計画経済の行き詰まりが隠しきれなくなった。西側諸国はソ連の核開発や第三世界の反米政権との関係を強化していることに脅威を感じていたが、マルクス主義自体は次第に色あせて見えるようになっていくわけです。唯物史観の指し示す歴史のゴールに魅力を感じる人は次第に少なくなった。だからといって、西側資本主義諸国も経済成長が鈍化し、都市を中心とする治安悪化や環境問題、マイノリティーの反乱など、多くの問題を抱えたまま、さほど魅力的な未来を示すことはできなかった。

　そうした状況の中で、リオタール[※9]は『ポストモダンの条件』（一九七九年）で、西欧的な「近代」を正当化してきた「歴史」が、「大きな物語」にすぎなかったことが露呈した、と主張する。そもそも「近代」は、各地域の伝統的な共同体の文化や慣習を破壊し、西欧で生み出された科学技術の産物で置き換え、世界を設計し直そうとしてきた。それを正当化したのが、「歴史」の発展法則だったのです。科学技術と経済の発展を進歩の尺度とする唯物史観も、その一つの変形ヴァージョンであると。

　リオタールは、そうした「歴史」が、科学的に確定した客観的事実に基づくものではない、と。近代化以前の共同体が持っていた、自分たちの慣習やアイデンティティに意味づけし、正当化する神話的な要素も含んだ「物語」と基本は同じであると示唆したわけです。啓蒙主義時代に西欧で生まれた「物語」の適用範囲が次第に大きくなり、どこまでも先に進んでいくように見

※9　ジャン＝フランソワ・リオタール　フランスの哲学者。パリ五月革命に参加し、のちにパリ第八大学教授など。著書に『ポストモダンの条件』『リオタール寓話集』ほか。

え、自らの客観性を証明する歴史学などの学問的武器まで備えていたので、「歴史」は「物語」とは質的に違うものであるように思えた。

しかし歴史の進歩が示すゴールが、それほど魅力的に見えなくなるとともに、その歴史もけっきょく、西欧近代のプロジェクトを正当化する「物語」にすぎなかったことが露わになった。やがて知識人たちは、歴史の発展法則について語らなくなります。「進歩」を語ることは、白人男性エリート中心に形成された価値観を正当化する「物語」を押しつける、悪しき啓蒙主義のエージェントと見られるようになった。

それに比べると、進化論に異を唱えるキリスト教原理主義は、少なくとも信者にとっては、救いの「物語」を提供するので勢いが衰えない。信仰に生きることができず、かといって、グローバル資本主義に未来の希望も見いだせないような人にとって、救いの物語になったのが、トランプ前大統領のＭＡＧＡ[※10]だったのかもしれない。明確な思想的な基礎がなく、かなり品の悪いＭＡＧＡがウケ続けているのは、従来なら左派に惹かれていたような白人貧困層に、救いの「物語」らしいものを提供しているからではないでしょうか。

■左派のうしなわれた「物語」と新興宗教

仲正　日本でも唯物史観のような「大きな物語」は次第に語られなくなり、左派の物語は個別イシューごとに枝分かれするようになりました。問題ごとの当事者にとっては福音でも、それ以外の人にとっては、これまで抑圧されてきた弱者のために、自分たちの幸福の一部を犠牲にすることを求められているように聞こえる物語が増えてきた。あるいは、新自由主義者や文化的保守主義の〝理想の物語〟の欺瞞性を暴くアンチ物語ばかり目立つようになった。日本国民全体にとっての未来の希望になりそうな、左派の物語はほとんど聞かれなくなり、左派の思想は清貧を迫ってくるようで息苦しいという、元からあったイメージがますます強まった。魅力がなくなったのです。

欧米の知的状況と少し異なるのは、日本では「歴史哲学」が成立するための本格的な議論は

※10　MAGA　Make America Great Again（偉大なるアメリカをもう一度！）。アメリカ大統領選挙における共和党のスローガン。一九八〇年にロナルド・レーガンが最初に使用し、二〇一六年と二〇二〇年にドナルド・トランプが用いた。

行われなかったことです。何となくマルクス主義が衰退し、何となく希望のありそうな物語が語られなくなった、という観が強い。思想的座標軸（丸山眞男）が最初から欠如しているので、何がどのように変わったのかよく分からなかったのかもしれない。吉本隆明の『共同幻想論』（一九六八年）は、日本の大衆感情に合わない唯物史観に代わる、日本人の深層意識に根ざした左派の物語を作り出す試みと見ることもできますが、この著作はもっぱら日本人の神話的深層意識という文脈で受容され、「歴史＝大きな物語」の解体と関係づけて論じられることがほとんどなかった。

旧統一教会系の学生運動団体である原理研究会が、反共産主義の団体として大学の中である程度目立つようになったのは、新左翼を含むマルクス主義的左派の影響が頂点に達した、六〇年代末の全共闘以降のことです。

私が信者になった一九八一年当時、統一教会や原研の幹部には、大学に入学した当初は、民青同盟や革共同系のセクトに関わっていた人が多かった。何らかの理由で挫折して悶々としていた時に、統一教会に出会ったという人が少なからずいたんです。全共闘運動から連合赤軍事件にかけての時期に入信した人に、マルクス主義的背景を持っていた人が多かったという印象がある。私と同時期に東大原理研に入信したメンバーにも、社青同（協会派）に関わっていた人がいたし、入信に至らなくても、学内でむしろ原理研と対立していた新左翼セクトに関わっていた人が、統一原理の話を聞きにきたことが何度かあった。どうして、元左翼あるいは左翼的傾向を持った人が、統一教会に惹きつけられるのか。本格的に論じるには、かなりの論攷が必要で、いずれ考えてみたいと思っています。とりあえず、今はっきり言えることを二点挙げておくと。

①旧統一教会の「勝共理論」は、単に共産主義に反対するのではなく、共産主義的な発想が生まれ、発展する原因を、初期マルクスのテクストにも当たりながら分析する。宗教的な視点からそれを克服することを標榜するので、既にマルクス主義の限界、特に人間の精神の捉え方についての限界を感じている人は、話題を共有しやすい。

②旧統一教会の教義は、失楽園、カインによるアベル殺害、アブラハムによるイサクの燔祭《はんさい》など、聖書の主要なエピソードを、（マルクス主義の疎外論と親和性がありそうな視点から）独自に解釈して、それらを教祖（再臨のメシア）を中心とする大きな物語、現代の国際情勢におけるサタンの思想の化身である社会主義諸国と、神に近い自由主義諸国の間の戦いへと繋げていく。これがキリスト教の歴史観と、深いところで通じる。唯物史観を喪失した後のオ

※11　統一教会の教義と実践については『統一教会と私』（仲正昌樹、論創社）等を参照。

ルタナティヴな「大きな物語」になりやすかった。
とくに②は、元左翼や元クリスチャンに限らず、「物語」を求めている人たちを惹きつけた理由でもあると思う。旧統一教会に限らず、新興宗教に入信して自分の生涯を捧げようとする人は、この世界で生きるのがつらいと感じていることが多いのです。旧統一教会は、それぞれの布教対象者の悩みを聞き、それを教義の核心に関わる、聖書のエピソードと関係づけて説明する。あなたの抱えている問題は、人類の歴史的課題なのだと強調する。教義を聞かせていく過程で、それは最終的にメシアによって解決されるしかない、というところまでもっていく。[※11]
どうして、あのワンマン社長のように無茶ぶりする教祖の「物語」が魅力的なのだ、と不思議に思う人は多いでしょうが、統一教会は個人の人生の物語を、教祖を中心とする「大きな物語」に結びつけることに長けているんです。教祖を司令官とする、大きな作戦の前線の兵士として戦っている気にさせる。自分のちっぽけな悩みなど誰も分かってくれない、相手にしてくれないと絶望しきっていた人は、「大きな物語」に参加し、貢献していることによる高揚感を得られる。それは左派が、いつのまにか失ったものだと思う。近年、トランプ前大統領やウクライナ情勢等をめぐる様々な陰謀論がネット上に流布し、それらを必死に流布したがる人たちが増えている。彼らは自分が参加できる「物語」を求めているのではないかと思う。
旧統一教会は、あまり奇跡信仰のような教義を持ってないんです。教祖がやっているメディアの買収や北朝鮮との合弁事業などへの投資に力を入れ、そこに信者の関心を集中させる。神とサタンの戦いの現状を知るバロメーターとしてですね。そのせいもあって、「物語」はさほど劇的な展開を見せない。これは現実の世界情勢と関連づけないといけないのだから当然でしょう。

九〇年代に台頭したオウム真理教は、あまり時間をかけないで、少数の信者の結束力を高めるために、ハルマゲドンの物語を性急に描き出し、実力行使に打って出たのではないか、と思う。一連の事件を引き起こした彼らの焦りは、七〇年代初頭の一部の新左翼の物語を変形反復していたように見えます。ちなみに、私は原理研にいた時、後にオウム真理教の幹部になった人と話をし、彼らとの発想の違いを実感したことがあります。

塩野谷　人々の実存に「物語を与える」という宗教の機能に着目した議論ですね。確かに左派は大きな物語を失ったけれども、それは必ずしも悪いことだけではない。革命論から差別論へという道筋には、それこそ歴史的な必然性もあった。

日本の現代思想の論壇でも、現実を褶曲《しゅうきょく》したり覆い隠したりするものとして「物語」が批判された時期があり、今なおその影響は根強いと思います。これは友人と以前話していたことですが、昨今の政治的陰謀論の氾濫の背景にはそのような事情もあるのではないか。物語を廃した結果、極めて稚拙な物語が跋扈するようになった。「物語」を再評価すれば陰謀論に対抗できるとは全く思わないけど、それがもつ実存的・政治的価値についてはあらためて考える必要があると思います。

旧統一教会の人々が、安倍首相暗殺事件以後の与党政治家の対応に不信感を抱いているというのは、ありますね。そして統一教会問題だけが、宗教問題ではありません。イスラームをめぐる問題がありますし、ロシアとウクライナをめぐる問題にも宗教が絡んでいますし、靖国・護国神社をめぐっても議論があります。ジャーナリズムの第一線に宗教に無理解な人が増えているのは深刻な問題でしょう。

仲正　ジャーナリストではない、一般ネットユーザーであっても、自分は宗教など信じない、宗教にハマる奴はバカだとか言っている内に、それに近いもの、例えば、サブカルと融合したスピリチュアル系のサークルとか、トランプとディープ・ステイトとの闘いを支援するネット上のサークルとかにハマっているかもしれません。現に、ネット上の統一教会批判のクラスターの中には、どっちがカルトだと言いたくなるようなひどく、粗雑な物語を拡散しているのが結構あります。現代人にとって、宗教体験自体は必要ではないかもしれませんが、「宗教」とはどういうものか、ある程度知っている必要はあるでしょう。

STAGE 2

困難な時代に宗教と向きあう

■政教分離の歴史的な生成について

塩野谷　政教分離と言った場合、歴史的な文脈でとらえていかないと、正確には理解できません。宗教が政治にコミットすること自体が問題視されている節があります。そうではなくて国が宗教活動をおこなったり、特定の宗教を援助することを禁じている。条文を挙げておきますと、

第二十条　信教の自由は、何人に対してもこれを保障する。いかなる宗教団体も、国から特権を受け、又は政治上の権力を行使してはならない。②何人も、宗教上の行為、祝典、儀式又は行事に参加することを強制されない。③国及びその機関は、宗教教育その他いかなる宗教的活動もしてはならない。

第八十九条　公金その他の公の財産は、宗教上の組織若しくは団体の使用、便益若しくは維持のため、又は公の支配に属しない慈善、教育若しくは博愛の事業に対し、これを支出し、又はその利用に供してはならない。

これは、政治家が信仰心を持ってはいけないということではない。政治家に信仰を問い質すことができるのか、という議論にもなるわけです。

仲正　政教分離は国によって違うんですが、イギリスのように国王が国教会の会長であるケース、アメリカは大統領就任式のさいに聖書に手を置いて宣誓する。ドル貨幣にIN GOD WE TRUST（我々は神を信じる）と刻印、表記される。ドイツは教会税を取るし、公教育で宗教教育をやっています。世俗主義のフランスでさえ、教会が主宰している学校に補助金を出しています。というのも、フランスではほとんどの学校をカトリックが持っていて、それを少しずつ政府が買い取ったんだけど、さすがに全部は公立にできなかったから、補助金を出さざるを得ないというわけです。

こういう歴史的な経緯から、ローマ教会と世俗化した政府との関係がかいま見られる。フランスの祝日の多くは聖人にまつわるものです。公現祭（エピファニー）は東方の三博士（三賢者）、謝肉祭（カルナヴァル）は復活祭（イースター）の前に行なわれる節期ですし、三月から四月にかけてカトリックの祭日が続きます。国が指定した休日も、復活祭の翌日のイースター・マンデー、五週目の木曜日がキリスト昇天祭、聖霊降臨祭翌日の月曜日が祝日、八月十五日の聖母被昇天祭はカトリックの祝日として、ローマ教皇ピオ十二世によって正式に教義とされたものです。ハロウィンはアメリカから輸入されたものですが、フランスでは翌日の万聖節（諸聖人の日）が休日ですね。だから祭日や国が決めた休日も、カトリックに有利なんです。

政教分離は一般に、二つの方向から論じられます。ひとつは政治が宗教を依怙贔屓してはいけないというものですが、実際に依怙贔屓していない国はないですね。日本は天皇という存在がある以上、神道祭祀を依怙贔屓せざるをえない。これは現実に宮中祭祀として国費で行なわれ、政治家も陪席しています。法的には皇室の私的な行事でありながら、事実上は旧皇室令の慣例によって、国費による祭祀が行われている。厳密な意味では政教分離は成り立っていないんです。宗教学者とか宗教が嫌いな評論家たちが言っているのは、宗教のほうが政治権力を行使してはいけないと憲法に書いてあると云う。これがもう一つの議論。

しかし宗教団体が政党をつうじて政権に働きかけることは禁じていないし、宗教の影響のない政権は世界中にない。これを禁じるというのは、宗教団体が政治活動をしてはいけないことになる。たとえばアメリカで、バプチスト[★12]が中絶反対運動をやっていることがおかしいとなる。あれをおかしいと言う人はまずいない。憲法学者がちゃんと解説してくれるといいんですが、宗教団体が政治権力を行使してはいけないというのは、たとえば昔のソ連のように共産党が政権に指示するとか、イスラムの聖職者が政治に口を出す。そういうのを禁じるのが主旨だと思う。

※12　バプチスト　英国国教会より分離したプロテスタント・キリスト教の一教派。幼児洗礼を認めず、自覚的な信仰告白。

宗教指導者が直接政権を行使するのは、創価学会でもできていないと思います。創価学会や神社本庁でも、直接警察に乗り込んで、あいつを逮捕しろとか起訴しろとかは出来ないわけです。政府機関に乗り込んで、指揮権を持つというのはありえない。それを政治的圧力で、やらせろというのはあると思いますけどね。それはしかし、どこの団体でもやっている政治活動であって、宗教団体にはかぎらない。左翼も右翼も、生産者団体、労働団体、さまざまな業界団体もやっていることを、宗教を信じはじめたらやってはいけない、というのはおかしな論理です。

欧米、とくにイギリスやフランスのように国教化した国では聖職者が政治を左右することがありえたから、政治は世俗主義ということになった。旧統一教会の場合、勝共連合や天宙平和連合、世界日報という関連団体（友好団体）で政治に働きかける、組織的な関係がわかりにくい面はありますが、それは創価学会と公明党の関係が、われわれには分かりにくいのと同じです。ですから政治と宗教団体の関係を明確にする方法、法律で開示命令となると難しいと思うので、何らかの倫理規範は必要なんだと思います。宗教団体も政治に働きかけるさいに、あまりコソコソやらないで公明正大にやるべきだと。

塩野谷　二〇一六年ぐらいに話題になった日本会議ですが、あれだってブラックボックスで、いろんな業界の大御所の人たちが名前を並べていた。だから誰それが黒幕に違いないと話題になったわけです。当時の日本会議ブームに乗じて、宗教団体が政治活動をするのはダメだと、初歩的な知識もなく書いているジャーナリストもいた。いまの日本人に影響を与えている宗教の問題でいえば、天皇制が出てくるわけですが、天皇制がそういう批判に晒されることは少ない。むしろ天皇制は宗教ではない、という言い方をするわけです。この感覚と宗教に対する日本人の忌避感とは裏表の関係にあるでしょう。

現在の日本における政教分離の原則は、明治期以降の国家神道政策の反省が大きいということになっています。明治初期の神仏分離令によって、廃仏毀釈が全国的に起きた。仏閣が破壊され、仏像が売り飛ばされるという事態が起きました。

国宝という制度が制定されたのは、じつはこの廃仏毀釈問題がきっかけだそうです。仏教伽藍や仏像などが国宝指定されたのは、売却や破壊されるのを阻止する狙いがあった。それまでの主要な神社には神宮寺というものがあって、その神宮寺が神社の事務機能をはたして、神職が僧侶でもあったわけです。これは藤原氏の氏寺・氏神である興福寺と春日大社には現在も残っています。

ところが、神道の国教化はうまくいかなかった。律令制の神祇官から神祇省、教部省をへて宮内省と、律令制では位階が低かったもの（従四位下）を格上げして、国教化をはかるわけですが、神道の国教化（国民教導運動）は失敗します。神道の脆弱な布教力をおぎなうために、神仏合同布教の方針が出される。しかし、これもうまくいかずに放棄されて、信教の自由の方針が打ち出される（明治八年）。その結果、神道は宗教ではないという見解が採用され、他の宗教と行政的（内務省神社局と文部省宗教局）に分離する。これが官幣社制度をもとにした神社神道で、神社非宗教論[※13]と呼ばれるものです。

つまり神社を国家の宗祀と位置づけ、神道を他の諸宗教とは異なる公的な扱いとしたわけです。神社に忠魂碑や軍神が祀られ、戦後にこれらは軍国主義宗教の実体として排斥されることになります。一九四五年十二月のGHQの通称「神道指令」によって国家神道は解体され、政教分離が命じられた。これが戦後日本における政教分離の原点です。しかしGHQはプロテスタント的な宗教観念によって問題を理解していたため、皇室祭祀は天皇家の個人的な信仰であって公的なものではないとされたため、解体されなかった。祭祀にかかる費用は、税金によって賄われているにもかかわらず、です。

仲正　条文を挙げてもらったとおり、日本の場合は憲法二〇条で政教分離が定められているが、天皇条項（憲法一～八条）でかつての国家神道と制度的に結び付いています。天皇の地位の継承が、記紀等の神話に基づいている以上、天皇制自体が宗教性を帯びていることは否定できない。天皇制と関わる各種の儀礼や、各地の風習になっている神事に国や地方公共団体が関与することは「政教分離」違反なのではないか、をめぐる違憲訴訟は少なくない。

「政教分離」は、特定の教団が他の教団や異なった世界観を持った人たちを、国家機関を利用して迫害・抑圧しないよう、国家機関を出来るだけ中立に保つための制度的な抑制です。これをやったら、即アウトというような普遍的ルールがあるわけではないんです。

日本国憲法二〇条で、「いかなる宗教団体も……政治上の権力を行使してはならない」と定められていますが、これは特定の宗教団体が、国会や内閣などの統治機構と組織的に一体化して、直接的に権力行使することを指していると解すべきでしょう。そうした組織的な融合の禁止以上のことを意味しているとしたら、おかしなことになる。

宗教が自らの教義に基づいて、妊娠中絶や同性婚、教育、性表現、環境、安全保障などのテーマで独自の政治的主張を掲げ、それを政治家や法律家、ジャーナリスト、官僚などに働きかけることを一切禁じるような法律を制定している近代国家はない。そんなことをすれば、それこそ思想・信条の自由の侵害になる。最近、アメリカの最高裁による判例変更が大きな話題になった、妊娠中絶をめぐる論争では、福音派と呼ばれる、聖書の教えに忠実であることをモットーとする保守的なプロテスタントの諸集団が、反中絶運動を牽引し共和党の一部に強く働き

※13　神社非宗教論　神道国教化政策の挫折をへて展開された、大日本帝国臣民に信仰の自由を認めたうえで、神道は宗教ではなく諸宗教の上位に位置する国民道徳であるとする議論。

かけてきました。ヨーロッパには、キリスト教民主主義を名乗る政党が多くあり、それらは政権与党や第二党になっている。

塩野谷　世界史的には、どうでしょうか。

仲正　政教分離の原則は、宗教改革期以降の西欧における、キリスト教の宗派間の烈しい戦争によるものです。中世のヨーロッパでは、法王を始めとする高位聖職者は広大な領地を持ち、世俗の政治に様々な形で関与していました。だが宗教改革で、プロテスタントの諸派が分離したことで、カトリック教会の権力基盤は根底から掘り崩され、様々な宗派が争うことになったのです。

三十年戦争（一六一八—四八年）では、カトリックvsプロテスタントの信仰の争いに君主間の権力闘争が結び付いて、ヨーロッパ全体を巻き込む激しい戦闘が続き、ドイツの人口の三分の一が失われたとされる。この戦争を終結させるために締結されたウェストファリア条約で、宗教と政治の力関係が大きく変わることになった。条約では、各国を支配する君主の主権者としての地位を認めると共に、それぞれの君主が自国の国教をカトリック、ルター派、カルヴァン派のいずれかで選択できることになった。これを機に、宗教が世俗の政治を支配するのではなく、逆に政治が宗教を統治の対象にするようになったのです。

次の段階では、次第に中央集権化していく主権国家の課題として、宗派間の争いが政治の不安定化に繋がることをどう抑えるかという問題が浮上しました。国家が国教制度に拘り、出産死亡などの届け出を、特定の宗派の教会を通して行うことを義務化したり、非国教徒の財産権や公職への就任を否定し改宗を促したりすると、それを拒む人たちの抵抗が強くなる。フランスや英国では実際、それが長年にわたって大きな内乱をもたらし続けた。

社会契約論によって、国家の目的が広い意味での「所有権」の保障であることを明らかにしたことで知られるロック[※14]は、『寛容に関する書簡』（一六八九）で、何が正しい信仰であるかは、政府による統治の管轄外であるという前提に立ち、国教徒と非国教徒を差別的に扱うべきではないと主張しました。この著作でのロックの議論は、たとえ自分にとって見るに耐えない信仰であっても、他者の信仰を尊重し共存を目指すべきとする「寛容（tolerance）」論のモデルに

※14　ジョン・ロック　一七世紀英国の哲学者。名誉革命を正当化する政治理論を打ち立て、社会契約や抵抗権についての議論は、フランス人権宣言やアメリカ独立宣言に大きな影響を与えた。主著に『人間知性論』『統治二論』。

※15　ジョン・スチュアート・ミル　一九世紀イギリスの哲学者。功利主義や科学哲学における業績で知られる。主著に『自由論』。

なった。

信仰を個人の問題としてより明確に位置付けたのは、功利主義の哲学者ミル[※15]です。今でも自由主義の政治哲学の最高の古典とされる『自由論』（一八五九）で、民主社会における人間の活動領域を、多数決による決定に従うべき「公的領域」と、他者に直接影響を与える可能性が低いため、原則各人の自己決定に委ねるべき「私的領域」に分割した。そのうえで人がどのように生きるべきか説く宗教は、後者に属するはずだと指摘した。

ミルはこれまでの西欧の歴史で、他者がどういう信仰を持っているかに拘ったことがどれだけの対立をもたらしてきたかを繰り返し強調したうえで、どの宗教を信じるかは、各人の生き方の選択の問題であり、それを他人に押し付けようとすることがそもそも間違いなのだ。民主化された国家は、宗教など内面の問題に干渉して対立を煽るのではなく、むしろ社会の中に多様な考え方が存在するよう配慮すべきだ、という。

人々の生き方に対する宗教組織の影響力が弱まり、国民統合の観点から宗教や思想・信条の違いに関係なく人々を平等に扱う必要が高まったことから、近代国家は「政教分離」と「信教の自由」を基本方針とするようになったのです。しかし、個人に対する権利保障の問題である「信仰の自由」と違って、政治や法律全体の仕組みに関わる「政教分離」については、それをどの程度徹底するかは国によってかなり異なる。

旧統一教会であれ、他の宗教団体であれ、自分たちの宗教的理想の実現に協力してくれそうな政党や政治団体を支援し、影響を与えることが、政教分離の名の下に否定されるということはない。ここを理解しないまま、〝政教分離原則〟違反などと言い出すと、お子様な話になってしまう。問題は、その働きかけの目的が、その宗教を信じていない人たちとも共有可能な理想ではないこと。その教団に固有の利益を得るためであり、それによって政治や法が歪められてしまうことです。その場合は、二〇条の「いかなる宗教団体も、国から特権を受けてはならない」に違反する可能性がある。

ただし、くり返しになりますが、宗教団体であれ、他の圧力団体であれ、政治家に会って働きかけること自体は違法ではない。贈収賄のような分かりやすい問題を除いて、政治家がどのような種類の働きかけ――信仰をたてにした脅迫的な説得、選挙での支援を見返りにした取引――を受け、どのような行動を行ったら、その宗教に不当な便宜を与えたことになるのか、はっきりした基準を作るのは難しいのです。

マインドコントロールを定義して、一律に禁止するというようなことはできないでしょう。マインドコントロールの学問的な定義など確立していません。仮に定義できたとして、それをどう使うのでしょうか。マインドコントロールされているということは、操られていて自分の意志でやっていないということです。それは責任能力がないということでしょう。責任能力のない人を操って違法行為、不当な布教や献金を強制をした、ということにしかならないのです。

■宗教を理解するということ

仲正　若者が不安に駆られて、危ないことをやらせる宗教に惹きつけられないよう、宗教と関係なく、話を聞いてもらえる場所。話し相手がいる場所を作るのは大事です。しかし教義内容について、こういうことを信じてはダメというようなことをやりだしたら、あっという間にビッグ・ブラザー[※16]の社会になっています。他人に具体的な害を与えない限り、最終的には、何を信じるかは本人に任せるしかありません。どんな不愉快な教えでも、その実践が関係ない人に害を与えない限り、認めねばなりません。それが「寛容」なのです。

　日本人は、新興宗教が問題を起こすと、こんな邪教禁止しろ、と言い出します。その際に「教義」を信じること自体は禁じられないし、禁じようとする発想が危険だということをほとんどの人が分かっていません。ＬＧＢＴや民族的マイノリティ、特定の病気の人を差別することに激しく怒る人が、ヘンな宗教を信じるのは自己責任だ、どんどん叩いてやめさせろ、それが本人のタメだ、という態度を取る。本当にそうでしょうか。

　仮に旧統一教会は無理にやめさせてもいいとして、イスラムはどうでしょうか、エホバの証人の場合はどうか。世間的にはヘンな教義の宗教だと分かっていても、それにすがらざるを得ない心理状態になっている人がいるとは思わないのでしょうか。本当のリベラルであれば、宗教をオタクの趣味みたいに扱うのはやめるべきです。この言い方もよくないかもしれませんね。オタクの中にも、その趣味を取りあげられたら、本当に生きるのがきつくなる人もいるでしょうから。

宗教をバカにする人たちは、神社やお寺でふつうに手を合わせることは宗教じゃないと思っているんでしょう。ですから祈りに教義があると考えるのは、新興宗教だと。新興宗教には教義があるから危険だと。新興宗教という言葉自体が、じつはミスリードなんです。ただ、明確な教義をもたないと、新しい宗教として認識されませんから、「新興宗教」というのは一般に教義を持っているものなんです。

旧統一教会の場合は、教義が明瞭にあるから特徴的なんですけど、おなじく新興宗教の代表的な存在である、創価学会の場合はどうでしょう。教義をはっきり意識しなくても、創価学会

※16　ビッグ・ブラザー　ジョージ・オーウェルの小説『1984年』に登場する架空の人物。作中の全体主義国家「オセアニア」に君臨する独裁者。

的な生き方ができなくはないでしょう。会館に集まって祈りをささげる儀礼的な行為、教団が主催するイベントに参加する集団的な行為をやっていれば、教義を意識しなくても教団の教えにしたがって、参加していると実感できるわけです。それが旧統一教会の場合は成り立たない。教義が「新しい」ことをもって、新興宗教となるんでしょうけれど、教義を意識しないでも成り立つ教団と、教義を意識しなければ成り立たない教団がある、ということになります。

オウム真理教のケースと旧統一教会はまた、かなり違うと思うんです。オウムの場合はヨガとか超常現象的なことを云っていたけれど、旧統一教会にはそれがないんです。旧統一教会が霊界的なことを云うので、超常現象のように思えるけれど、そうではない。霊の話を持ちだしているけれども、霊が見えるという話では全然ないんです。

塩野谷　「幸福の科学」も守護霊に語らせるとか、霊界の話をしたがりますが、超常現象を起こしているわけじゃないんですね。あくまでも予言ではなく、守護霊や霊魂に語らせている霊言です。その翻訳者が教主の大川隆法の個人的な能力で、信じるかどうかは信心次第、と。

仲正　霊による言葉の翻訳だけですから、現実との矛盾が起きない。具体的な予言をやると、はずれちゃうんです。旧統一教会の場合、教祖がうまかったというか、ずるかったんだけど、具体的な預言はやらなかったんです。

塩野谷　予言をやると、それが外れたときに信者が減るんですよね。オウムはハルマゲドンの予言[※17]をやった。しかし、そのような形でのハルマゲドンは来なかった。教祖の預言がはずれた場合は信者が減ります。が、その一方で、教団に残った信者の信仰や結束はより強くなるという傾向がある。

仲正　そう。予言をやると、つじつま合わせが大変になる。旧統一教会が生き延びてきたのは、予言をやらなかったからでしょうね。いい加減なことばかり言ってると思うけど、とくに「霊界で勝利した」というのは便利で、霊界で勝利しても見えないんだから、信じるしかない。バカバカしいと思うか、どっちかですね。いま政界がこうなっている理由は、お父様が霊界で勝利したからですと、こういう論法なんです。霊界の勝利が圧倒的だったので、地上界での政治が動いたと、事後的に云うわけです。将来のことにリンクしちゃうと、そうなってないじゃないかとなる。

※17　ハルマゲドンの預言　一九九〇年の選挙で敗れたオウム真理教は、教団立て直しのために、石垣島でセミナーを実施した。このセミナーには一二七〇人が参加し、約五〇〇人が出家した。崩壊寸前だった教団を盛り返すことに成功した。これはその後「ハルマゲドンが起こる、オウムにいないと助からない」と危機感を煽る方法の原点になった。

塩野谷　予言と現実がかけ離れていると、信者たちはそれを解釈しようと努力するんですね。その中で信仰が深まっていくという現象が起きる。

一七世紀にシャブタイ派というユダヤ教徒のグループがあって、そのリーダーのシャブタイ・ツヴィがユダヤの解放者としてメシアを名乗るということがありました。しかしツヴィはオスマン帝国のスルタンに自分が救世主であることを説得しようとするも、ぎゃくに囚われて裁判の結果、イスラームに改宗してしまう。シャブタイ派の信者は減るわけですけど、メシアが改宗するのはそこに深い理由があるに違いないと、残った信者たちはツヴィに帰依していく。

仲正　おもしろいね。旧約聖書の歴史って、そんなのが多いですね。

塩野谷　バビロニア捕囚もそうですね。ダビデ家を王家に据えたユダ王国は永遠に続くと信じられていたんですが、紀元前五八六年に新バビロニアによって滅亡する。住民たちの多くはバビロニアの王ネブカドネザル二世によって捕虜として連行され、移住させられてしまう。古代中近東において、国家間の戦争はしばしば、それぞれの国の神同士の戦争として理解されていました。そう考えると、ユダ王国がバビロニアに敗北し滅亡したという事実は、ヤハウェ[※18]がマルドゥクに負けたということを意味してしまう。イスラエルにおける当時のヤハウェ信仰はダビデ家の永続という概念と分離不可能なほど強く結びついていたので、このことはヤハウェ信仰の存続にとって死活問題でした。そこで、当時の聖書編集者たちは頭を捻るんですね。イスラエルは、バビロニアの神に負けたのではなくて、ヤハウェがバビロニアを使って自分たちを罰したのだと解釈する。聖書の編集問題というのは複雑なのですが、たとえばエレミヤ書などにはそう理解できる記述があります。そしてそれによって、のちのユダヤ教が成立するわけです。

仲正　旧統一教会も、旧約聖書的なエピソードをベースにしているところが多いんです。自分たちに課せられた困難は、神が試練を与えているんだと。そういう話がいくらでも出てくる。かれらが好んで使うのは、荒野の四〇年という言い方です。イエスの荒野の四十日では短いから、荒野の四〇年。実際に、ユダヤ教とキリスト教が困難な試練で生き残ったのは、史実だと思うんです。まわりが攻めてくると、すべてがサタンに見えてくるわけです。サタンの総攻勢を受けるという予言だけは、わりと当りやすいんです。どうして自分たちみたいなミニ教団を、寄ってたかって目の敵にするんだと。これには何か理由があるに違いないと、思えてくる。私が学生時代にいた原理研は、まさにそういう心理状態でした。われわれのような小さな集団に、

※18　ヤハウェ　ユダヤ教やキリスト教において崇拝されている神。ここでは古代イスラエルにおいて主神として信仰されていた神のこと。

※19　駒場寮　前出23頁、脚注7参照。

学生の多数から支持を得ている左翼がなぜ攻撃してくるのかと。七〇年代八〇年代は、そういう意識から勢力が拡大していく。私は駒場寮の部屋の多くが左翼系のサークル部室だというのを知らないで入寮しました。[※19]私が入っていた部屋は大学問題研究会というサークルの部屋で、民青系の人が同居者にいました。私が原理研に出入りしているのを感づいて、二日留守にしたときに、ああこれはツーデイズに参加したなと思ったんでしょう。それで「君、原理研というのは知らないだろう。洗脳するんだぞ」と。「食事を与えずに眠らせないで、朦朧としている状態にして洗脳するんだぞ」と言うわけです。こっちが真夜中に帰ってきて、眠いなかを二時間ぐらい説き伏せようとするそっちのほうが洗脳してるじゃないかと思ったものです（笑）。これじゃ堪らないから寮を出て、教会の人の下宿経由で統一教会に入ることになった。あの民青系の人に洗脳されかけた体験がなければ、統一教会に入信しなかったかもしれない。

　これを言うと語弊があるかもしれないけど、宗教に興味がない人は霊感商法の壺や聖典を見ただけで拒否反応を起こします。入会する人は、話を聴いてる段階で、ある程度関心を持ってるんです。それで話を聴いていて、世間並みの常識を持っている場合は、やっぱりこれはやめておこうとなる。ごく少数ですが、関心を持ってしまう人間もいる。どうしてこんなに騒がれるんだろう、何か特別なものがあるんじゃないかと思ってしまう人がいる。

　信仰のトレーニングと称して珍味やお茶などの物売りを強要するのは基本的にハラスメント

なんですが、それが自分のためになると思っている人には、信仰のつよさにもなる。珍味を一日十万円とか売ってくる人もいるんです。そういう人にとっては自信になる。

逆に頑張っても売れない場合、それは君の我のつよさがそういう結果になっているんじゃないかと諭される。自分の我をおりなさい、克服しなさいという指導が行なわれる。これはふつうの営業マンでも同じだと思います。へりくだって、お客の立場になって売る、営業をする。それを心がけて、実際に売れるようになった人もいるんです。そのことによって信仰がつよまる。自分が導かれた、救われたと思うんです。指導は無茶ぶりなんだけど、そのことによって成功するケースがあるんです。これで、奇跡が起こるんだと思っちゃうんです。これはふつうの会社でもありそうなことなんです。

塩野谷　教義というのは基本、そういうものですよね。共同性が自然と成り立っているときは教義はそれほど重要ではないけど、共同性を維持できなくなったときに教義が必要になる。霊感商法の販売強要はとんでもないハラスメントだし、まあ犯罪であって、共同性が崩壊しているに等しい集団なんだけれども、教義が存在していることで集団は支えられている。

仲正　文鮮明という教祖は、ギリギリのところで指導する才能に長けていたんだと思う。出来るか出来ないかのギリギリのところで強要して、出来れば「やっぱりお前は能力があるんだ。信仰の力で出来るようになった」となる。教祖と信者の双方が物語を作ってしまうんだと思う。

塩野谷　今だったら、学生を騙くらかして使役する若手社長がいたりするじゃないですか。困難な課題を設定して、ジャンプさせるわけです。もちろん誰もがジャンプできるわけではない。だけど、もしジャンプ出来たら「圧倒的成長」だ！　ということになる。

仲正　そうそう。ジャンプ出来ない人間が辞めていくのには拘泥しないで、教祖は残る人間たちと物語をつくり出す。それを再生産していくから、ある程度は組織が拡大するんです。

塩野谷　しかしそれが一概に悪いとは言えないんですよね。個人にとっても、そこでジャンプ出来たことで自分自身も救済されるということはありうる。一方で、組織運営上も誰かがジャンプに成功して、ブレイクスルーが起きないとやっていけないから、そういう人を組織内に残さないといけない。組織と個人の間に共犯関係ができる。

仲正　いま大学の人事でも、ハラスメントは凄くて。教授会の話を聴いていると、苛めじゃないかと思うようなことばかりです。論文のポイントを議論しても、ハードルを上げてるだけじゃないかと思うことがあるんですが、若手が本気になって使命感を持つようになるんだな。このポイントをクリアできないやつは、自分たちの共同体にいてはダメだというふうになる。それをクリアできると、自分でも凄いことをやったような気分になるんでしょう。自己承認欲求というのは、ギリギリのところにハードルを設定することで成立する。組織で言えば、最初は無茶ぶりでどんどん篩《ふる》い落としていいんだと。それで強い組織をつくる。

イエスの伝道のやりかたが、まさにそうなんです。つよい十二弟子が残ることで、大教団に成長することができた。誰でもわたしに躓かない者は幸いである、[※20]がまさにそうです。さんざん躓かせまくっておいて、躓かない人間だけ残しておいて、かれらに布教させて拡大再生産させる。非常にうまくやった教団なんです。しかし大教団になるにつれて、ハードルを低くして行かないと成長できない。社会と接点が大きくなるにつれて、中心部は強固なんだけど、周辺部はゆるくしていかなければならない。

宗教とマルクス主義のようなイデオロギーと、どっちがうまく行くのかということで言えば、一律の基準を課するイデオロギーは難しいでしょうね。一律ではなく、いろんなグラデーションのある教えでないとうまく行かない。旧統一教会もある程度まで大きくできたんですけど、大教団になる前に限界がきた。宗教ブームも、もうそろそろ解体に向かっていくしかないと思いますが、また新しい流れも出てくるはずです。

『宗教新聞』の編集長が云ってたんですが、日本でキリスト教原理主義の影響を受けている人は潜在的に二、三〇万人いるそうです。世の中を変えてみたいと思う人もいるでしょうから、

※20　誰でもわたしに躓かない者は幸いである　マタイによる福音書十一章六節。

新しい動きがあってもおかしくはない。エホバの証人も、内部にはシビアなんだけど、まだ行動を起こしていない。あれが外に向けてやりはじめると厄介でしょうね。旧統一教会にとっては、社会にむけた行動がいまウィークポイントになってるわけですが、エホバの証人のように社会運動を起こさない教団もある。

塩野谷　いわゆる「カルト問題」自体が、社会との接点において形成されるという宗教学者による指摘もありますね。

仲正　街頭で顕正新聞[※21]を配っている人たちは、大きな声を出していますが、あれは意味があるんです。ふつうの人間はできないでしょう。僧侶の格好や制服を着ていれば、通行人にも認識されるから難しくはない。そうではない服装で大声で演説するのは、ふつうの人にはできないんです。それをすることで、自分はふつうの人には出来ないハードルを越えていると自覚する。あれをやると、もう後戻りできないんです。周囲からも、ああ、あのときやっていた人だねと認識される。創価学会でも創世期は困難なことをやらせて、それをその人間の原点にしてきたわけです。

塩野谷　困難な課題をあたえることで、本人にとっては成長につながるわけですね。同時に犠牲を払うことで、共同体への忠誠につながる。ギャンブル中毒者と同じで、これだけの金額と労力を払ったんだからやめられないという発想になっていく。

仲正　ふつうの人間には越えられないボーダーラインを越える。そのときに、周囲が冷たい反応で無視するだけでなく、教団を止めさせようとする。恋愛で反対されると一層愛が深まるのと同じで、反対されるから自分は意味のあることをしていると実感されてしまう。止めさせようとすればするほど、止めないことに価値を感じてしまう。そういう効果があるのではないか。

七〇年代でいえば、統一教会は共産主義に反対する論理として、愛と平和でつくられるべき世界を、共産主義は破壊する思想だ、人間にとって大切なものを消滅させてしまう危険な思想だと説いてきた。だから共産主義者は私に発言をさせない。そこで、その演説に左翼がいきり立つんです。左翼をいきり立たせることで、かれは後戻りできなくなるわけです。

文鮮明は早稲田（理工学部の前身）の出身で、かれは学生たちに「早稲田を奪権しなさい」と言うわけです。早稲田でビラをまかせて、左翼がそれを排除しにくる。青山学院でも女子学生が「わたしは共産主義者に殴られた」というビラを撒いて、また左翼がバカだから暴力をふるうんですね。

テレビに出てくる二世信者の人たちは、まさに統一教会だなという印象がします。わたしは

※21　顕正新聞　宗教法人顕正会が発行する冨士大石寺顕正会の機関紙。

これだけ被害を受けたと言うけれど、被害だけ受けたはずはないと思うんです。

塩野谷 二世信者が教団に怒りを持つのは、自分の子供時代を奪われたという剥奪感なのではないですか。うまくいっている二世信者は、家庭という共同体の中でズレがないわけです。しかし自我が出来てくると、自分が疎外されていると感じる人もいる。家庭の外の社会との接点が出来てくると、その落差に疎外されるわけです。

■デュープロセスの必要

仲正 旧統一教会のような新宗教の信者に特徴的な傾向として、自分が体験したことをすべてだと思ってしまうというところがある。自分が体験した印象的なエピソードですべて語ってしまう。それはポジティブなこともネガティブなこともあるので、ひと言では言えないんですけど、自分の体験だけで、ほかの人も同じだと思ってしまう。そういう体質の人っているんだなと感じます。これは教団をやめて、批判的に語っている人たちもふくめてです。わたしが統一教会に居られなかったのは、やはり一般化できなかったからなんです。良かったこともふくめて自分が体験したことが、すべてだとは思えなかったからなんです。

塩野谷 二世信者にとっては、統一教会の家に生まれたことが、押しつけられた宿命的な小さな物語としてある。その小さな物語が、世界を構成するような大きな物語に無媒介に結びつけられる。

仲正　教団に残っている人がいても、わたしはいいと思うんです。

塩野谷　外部から救済される必要はない、と。

仲正　左翼だってそれが幸せだと、充足している人はそれでいいじゃないかと思うんです。どんな無茶苦茶なセクトであろうとね。悪いことをしなければ、それでいいじゃないかと。それをお節介に、教団を解散させろとか。そもそも新宗教や左翼もそうなんですが、お節介なんです。人が悩んでいると、どうして悩んでいるのかと相談に乗ろうとする。人の相談にのる前に、君もずいぶん問題がありそうじゃないかと、思うんですよ。お前の思想に問題があると言う人にかぎって、自分の思想的な問題点をそこで解消しようとする。あとは同調させようとする傾向の人ですね。教団や左翼にかぎらず、そういう人は組織に同調しない人がいるのが許せなくて、無理に同調させようとする。そういう人の場合、いったん組織をやめると、あの組織は解散させなければならない、となるんです。

塩野谷　そういう人は、組織の中でも厄介なんじゃないでしょうか。

仲正　厄介ですよ。ある程度までね、ここまでやったらダメだという認識を持ってもらわないと。

塩野谷　個人の小さな物語を包摂してくれるような大きな物語が与えられるなら、宗教も社会福祉としてはいい場合もあるんではないでしょうか。

仲正　それでいいかもしれない。今回の救済法も、高額献金に対するクーリングオフさえあればいいんじゃないでしょうか。ＤＶや児童虐待に介入する程度のものでいい。マインドコントロールの定義なんかやろうとしたら、大変なことになる。旧統一教会は例外だから、解散命令にまで持っていかないとダメだと言う人がいるけれど、そういう例外を認めるなら、歯止めが効かなくなる可能性がある。市民的常識が通用しない社会になりつつある。自由権の侵害になる規制には、慎重でなければならないんです。

塩野谷　そこは自分たちが例外ではないと思っていないから、立ち位置が見えていないのではないでしょうか。自分たちには適用されない規制だと思っている。

仲正　刑事訴訟法は何かというと、これは明らかに犯罪であると判っている人間がいても、ちゃんと手続きを踏まなければならないというものです。適正な捜査で証拠を積み上げて、物的証拠や証言で嫌疑を明らかにしていく。かりにその容疑者被告が犯人であっても、捜査方法と訴訟手続きに誤りがあれば、判決も違法なものになるという法に縛られているんです。デュープロセス条項[※22]と呼ばれるものです。

塩野谷　財産を剥奪された側を救済しようとすると、被害者の立場から要件を構成することになるわけですね。

仲正　被害者と加害者の明確化ができているのかどうか、そこが厳密に行なわれなくてはいけないと思う。たとえば従軍慰安婦問題のときは、元慰安婦たちの証言のほかに史料や傍証をかなり調べて、本が何冊も出るほどの論争にもなってるんです。今回の二世信者の告発とか家族の証言、あるいは元信者の告白は、そのまま事実として受け容れられています。もっと調べを尽くすべきではないでしょうか。

マックスで旧統一教会の批判をしないと、被害者の敵ということになってしまう。わたしなんかがマックスで批判しないと、仲正はまだマインドコントロールが解けていない、ということにされてしまう。どこの団体でも、その団体が嫌で止めた人は、その団体を全否定したがるんです。全否定するのは具体的な分析を欠いてるから、信用すべきじゃないと思うんだけど、こいつは偉いという話になってる。

塩野谷　別れた恋人の悪口を言うのと同じでしょう。

※**22**　デュープロセス条項　何人も法の定める適正な手続きによらなければ，生命・自由または財産を奪われない原則。アメリカ合衆国憲法の修正条項に規定され，日本国憲法第三一条はその趣旨を取り入れている。

仲正　そう。お前、そんなに悪口言うけど、一緒にいたんじゃないかということなんです。おかしいじゃないかと、ふつうは突っ込んでやらなければいけないと思う。オウムのときは、瀬戸内寂聴さんとかが組織を止めて反省する点、意義があった部分もふくめて反省しないといけないと、そういう視点があったんです。

塩野谷　なぜ自分が一緒にいたのか、そこでかつての自分自身にも跳ね返ってくるような形で、そこまで掘り下げて考えないと総括にはならない。

仲正　どんな教団でも、どんな政権でもいい面はあったんです。あのナチスですら、国民福祉と雇用の面では経済力の回復ということで成功している。そのことで国民的な支持に支えられていたわけです。もちろん負の側面が多いわけですが。

塩野谷　独裁政権が国民多数の支持で成り立っているように、教団が成り立ってきた要因を明らかにしていくのが重要なんです。

仲正　そうなんです。なぜ教団が成長したのか分析できなければ、何にもならないんです。同じような宗派が、ちょっと形を変えて出てくるかもしれないわけだから、旧統一教会の何が魅力的だったのかを分析しなければならない。

■いまの学生たち

塩野谷　さて、ここからは話題を変えて、今の学生の世代に近しいテーマに移っていきたいですね。

仲正　うちの大学で、何年か前に、留年したことを親に言えずに自分を追いつめて、自殺しちゃった学生がいます。死ぬまでいかなくても、先生や親に体裁を取るために、その場しのぎの嘘をついて、説明を求められて、嘘に嘘を重ねてどんどん自分を追い込んでいく子は結構います。死にはしなかったけど、卒論を出せなかった言い訳に、道端で刃物で襲われたことにして、警察やマスコミを巻き込む大騒動を起こす学生もいた。また、理由はよくわからないんだけど、護国神社で割腹自殺した子もいます。

なんでそこまでやるかなという事件が多くて、困惑します。親に言い訳出来ない子がいるみたいなんですね。親のほうも自分の子が留年しそうなので、教授に会って、何が我が子の抱えている問題なのかよく分からないけれど、問題があるはずだから、お話しして問題点を確認したい、などと漠然としたことを言ってくる人もいる。そういうのは本人が努力するしかないんで、会っても何ともならないわけです。どの単位を取るかも、わたしのほうで指示したり保証できるわけではない。そう言っても、いやそんなことは分かっていますが、でも、何か大事なことを見落としているかもしれないので、とにかくお話したい、などと言う。

塩野谷　自分の子どもを所有物だと思っている親はたしかにいます。いわゆる「毒親」と呼ばれる人たちですが、彼／彼女たちは子どもを自分とは別の、独立した人格をもつ存在だと認めることがどうしてもできない。私は子どもがいないのでわかりませんが、親から見れば自分の子どもは成人しても歳をとってもやっぱり子どもに見える、というのはあるのかもしれません。子離れは親離れより難しい、と言われたりもします。しかしそれにしたって、子どもを自分の自己実現の道具と見なしているようなのは酷いですね。スポーツでも勉強でも芸術でも、何であれ、親が思っている〝及第点〟に子どもが達しないと、怒鳴りつけたり殴ったりと虐待まがいのことをするでしょう。まあ、これは偏見かもしれませんが、だいたいそういう親はその道のプロではないので、〝及第点〟に対するそもそもの評価基準が誤っていたりもする。

大学の話に戻せば、親の方も大学というものを誤解していますね。高校や、あるいは中学までの義務教育と同じように、生活指導も大学教員の仕事だと思っている人がいます。これはもちろん「毒親」だけの問題ではなくて、大学の就職予備校としての性格が強化されたことで、その規律訓練の機能がよりいっそう求められるようになった、という事態の一側面でしょう。今や就職予備校という性格も怪しくなったとはいえ、大学生が自分たちのことを「生徒」と呼んだり、大学当局が学生のＳＮＳを監視して取り締まったりするのと同様の現象です。

仲正　昔からお子様みたいな学生はたくさんいましたが、そういう奴は基本的に放っておかれたし、問題だとは思われていなかった。大学当局にとって問題なのは、ラディカルな思想に傾倒する学生であり、大学を拠点とする知識人は、ラディカルな学生運動に対してどういう態度を取るかが主要な関心事だったわけです。思想的確信犯が問題だったわけです。メンタルが弱くて、自分がついた嘘で自縄自縛になるような学生も、昔だったら、思想的確信犯になっていたかもしれない。他人事ではないですね（笑）。

少し強引かもしれませんが、そうした大学の環境や、学生のメンタリティの変化に関係付けて、大学生と宗教・思想の関わりについて話してみたいと思います。先ほどは、統一教会と、他の宗教や政党との関係について話しましたが、今度は、大学内での思想のトレンドという文脈で話してみましょう。

■マルクス主義からキリスト教へ

仲正　七〇年代後半の統一教会には、元民青や革共同系の元活動家という人が多かったんです。少し前まで、日本人の幹部には、元民青や元中核派だった人が多かったです。マルクス主義とキリスト教が似ているというのは、ずっと昔から、おそらくマルクス主義が登場した直後から言われてきたことです。その意味で、マルクス主義者がキリスト教に惹かれることがあり、その特殊な形態である統一教会とも一定の親和性がある。というより、統一教会は、マルクス主義と独特の関わり方をしています。

じつは韓国の統一教会でもそういう傾向はつよくて、統一教会の視点から、従来の思想史を体系化した『統一思想』というテクストを書いた李相憲という人は、コテコテの唯物論者だったそうです。ドストエフスキーの時代から、唯物論者・無神論者とキリスト信者は切っても離せないと言われてきた。日本の場合はそれを自覚的にやっているふしがある。たとえば転向論のような場合ですね。ヨーロッパには転向という概念がない。無理に訳せばConversionですが。

塩野谷 Conversionは宗教学でいうところの「回心」ですね。マルクス主義からキリスト教へという転向はじつに日本的な現象だと思います。戦前の共産党からキリスト教へと転向した作家の椎名麟三などが典型ですね。というより、昔から言われてきたことですが、共産党からキリスト教へ行くというのが、日本の転向作家のある種の典型ルートとしてあったということでしょう。それで今のお話ですが、共産党や革共同の左翼活動家たちが旧統一教会へと〝転向〟していったというのは興味深いですね。九〇年代前半に栄えたオウム真理教にはＤＩＹな気質があって、もちろん一概にはいえないけれども、大衆運動的でブント的な雰囲気がある。他方、旧統一教会のようなドグマティックで体系だった理論をもつ教派に、同じく体系だった「党」である共産党や革共同を抜けた人たちが流れていくというのはわかる気がします。思想的な教義の強さや理論体系に対する嗜好が共通しているのかもしれない。

仲正　なるほどね。わたしたちの頃は、東大のカープ（原理研究会）にいた人たちは比較的マルクス主義を体系的に読んでいた人が多かった。教義の体系だったところに惹かれた人が多かったんでしょう。マルクス主義を捨てるにあたって、それを超える教理、あるいはそれに代わる体系だった教義が必要になる。唯物論を取り払って、世界史的な物語性のあるものといえば、やはりキリスト教になるわけです。神の国とかユートピア思想を裏付けてくれる理論と思想。その理想には共通したものがある。そして理想を具現化してくれるための解説が、旧統一教会にはあったんですね。現実の政治との関り、教団活動の中での自分の役割性が生まれる。社会を動かすことに参加する意識を与えてくれるものって、日本社会にはあまりないんですよ。欧米のように、教会や学校をつくるコミュニティ活動に参加できる社会システムになっていない。自分たちで行政システムをつくれるわけでもない。

戦前であれば、天皇陛下という大元帥閣下のもとで国民全体が大東亜共栄圏をつくるために、あまりやる気のない人も動員、参加させていく構造があった。明治維新以降も急速に近代化する中で、欧米に対抗する国家づくりに国民が参加していました。その中でいろんな物語が出てきたんだろうと思うんです。後進国が発達していく中で、スピリチュアル的な物語を作っていく強みというか。活力の源泉になる民族の物語が神話的につくられていく。

塩野谷　例としてわかりやすいのは皇紀二六〇〇年の建国神話ですが、その文脈でいえば、より世俗的な大和民族優越論みたいなものもそこに含まれるでしょう。だとすれば、それ自体は第二次大戦の敗戦で切断されたわけでは当然なく、戦後もさまざまな形で生き延びていったわけです。高度成長期以降、日本が経済的に繁栄していた時期にもそのような「神話」はあったし、定期的に流行する日本文化論や少し前の「日本スゴイ」系コンテンツだってその亜流です。それをインチキだというのは簡単だし、あるいは言っておくべき場面もあるのだろうけど、そういうものにすがらないとやっていけない人間の性質というものがあって、それは否定できない。とはいえ、私もその一人なのかもしれないが、その程度の「神話」にはとても飽きたらない人たちの方が、抱えている問題としては深刻です（笑）。

仲正　ゆっくりとした国づくりの場合は物語になりにくいんですが、急速な発展や復興を成し遂げるときに、国や組織への帰属意識がつよくなり、それを美化する物語が生まれてくる。急速に変化すれば、緊張感がある場面が続き、適応に努力しなければいけないので、その意義を与えてくる物語が欲しくなるし、受け入れやすくなる。会社人間というのも、戦前の富国強兵、戦後の復興の残滓だと思う。狭い意味での思想業界では、戦前の国家主義の物語を批判し、克服する物語であるマルクス主義が隆盛をきわめた。革命が実現する保障として、マルクス主義が理論的なお墨付けとして立ち現れる。歴史的必然としてのマルクス主義による革命です。その理論はしかし、自動的に進むのではなく、自分が参加することで実現する。革命のための変革を、自分たちが進めていく。そういう参加型の物語です。革命が実現される中で、『古事記』『日本書紀』のなかの神世の人物たちのように、革命の物語の中に自分の名前が記される。

統一教会の場合は、天の名簿に記されるという言い方をしていました。歴史的な偉人になるわけです。聖書に義人・聖人の名前がやたらと出てくるのと同じようなイメージです。革命の物語や聖なる物語を必要とせずに、平穏無事に生きていける人が社会の多数派なんですが、そうではない人が物語を必要としている。あるいは社会的に準備された立身出世や目的達成ではなく、漠然とした大望を抱く人たちがいる。その人たちが自分を方向付けることのできるツールがマルクス主義であり、それに取って代わる新宗教だった。

九〇年代のオウムの伸長は、物語衝動の典型的な現れです。社会主義の本体であるソ連・東欧社会主義国の崩壊と軌を一にして、大きく社会的な影響力を持つに至った。七〇年代の統一教会、八〇年代の幸福の科学と、八〇年代末からのマルクス主義の崩壊という流れのなかで伸びてきたわけです。マルクス主義の物語の母体が機能しなくなったところから、新宗教への期待が生まれてきた。

塩野谷　ここまでの話で仲正さんが仰っている「物語」という言葉には、少し説明が必要でしょう。それは、現実に目の前で起きている出来事とか、現在ある秩序についての直接の説明ではなくて、それらの動きを根拠づけているような、より上位に想定されている秩序やメタ的な説明のことですね。まさしく、J・F・リオタールの用語としての「物語」です。日本では、新左翼運動が七〇年代から八〇年代を通じて緩やかに退潮していき、それに新宗教の運動が取って代わっていった。政治から宗教へという変化はあっても、「物語」が機能しているということ自体は変わらない。そこで出てきたのが、たとえばオウムであり、あるいは統一教会だったわけです。そこではハルマゲドンや救済が、この先の世界の変化を説明する「物語」として語られる。先ほど話したように、共産党的なものや革共同的なものが統一教会へ行き、他方でブント的なものがオウムへ流れていったとしましょう。そのオウムも一九九五年のサリン事件と強制捜査で破産する。オウムの破産は、オウムを評価していた知識人の責任問題なども呼び起こし、当時の宗教ブームを終焉させました。現代日本の人たちが宗教に対する忌避感を強く抱きがちなのは、オウム事件にも一因があるでしょう。だけど、宗教団体に対する忌避の雰囲気は強くても、霊的なもの、精神世界のようなものを強く求める人たちは一定数いた。需要があったわけです。その人たちが個人の実践としてのスピリチュアルに向かうのが、二〇〇〇年代後半の傾向です。

このように見てくれば、旧統一教会は今なお組織的に政治運動に携わっているわけで、それ以前に統一教会に流れた人たちは、一貫したドグマ崇拝という点で、ある意味では非転向を守ったということになりますね。一方で、二〇〇〇年代後半のスピリチュアル・ブームを担った人たちも、その中心的な世代は、年齢でいえば四〇歳前後。オウムが栄えた八〇年代後半〜九〇年代前半には二〇代だった人たちです。オウムの信者層も中心は二〇代でしたから、その世代がそのまま成長(?)して、スピ系に傾倒していったということになる。こちらも関心としては持続している。さて、教団を嫌ってスピ系に行った人たちですが、二〇一〇年代に彼/彼女らがどこへ向かうかというと、パワースポット巡りとして神社巡礼へと収斂していく。このことと、スピ系の人たちが政治的にはどちらかというと右派に親和的であったりすることとは、無関係ではないでしょう。それが必ずしも悪いということではなく。

仲正　なるほど。

塩野谷　スピリチュアリティの実践は、マーケットなんかがあるとはいえ、基本的には個人的な次元にとどまりますから、共同性が担保されていないんですね。その欠落した共同性の部分を埋める形で、スピリチュアリズムは二一世紀のゆるいナショナリズムと結びついていった。

仲正　オウムはもともと、宗教というよりもヨガの修練をやっているという受け入れられ方をしていました。中沢新一さんがコラボしていた頃は、オウム神仙の会でしたね。当初はスピリチュアルな団体で、宗教ではないと強調していたところがあります。ヨガというか、どれほど長く息を止められるか、空中浮揚のビデオとかで売り出した。物語を信じ込ませるには、日々の出来事を解釈して、苦しさを乗り越えるわけですが、説得力をつけるのは非常にむつかしい。

どこかで一貫性がなくなったり、矛盾を生じさせないようにするのが困難なのです。それに対して身体的な実践のほうは、空中浮揚は別としても、息を止めたり体温分布をコントロールするのは、比較的容易にできるそうです。そうすると、達成感があるんです。自分はこれほど修行をした、と。

塩野谷　身体的なスキルとして現れてくるものですね。

仲正　スキルを身に着けると、達成感があるんですよ。ただし身体をコントロールするといっても、それほど無理なことではない。ヨガで身体が柔らかくなったり、痩せることができたりして周囲から驚かれても限度がある。そこでオウムはもっと大きな物語を作らなければならなくなったわけです。最初は現代科学を超えるというキャッチフレーズで売り出したものだから、そこが限界になると方向性もスケールも変えなければならなくなった。それがアメリカを仮想敵にしたり、自分たちが被害を受けているという妄想。あるいは組織を政庁にしてみたり。

塩野谷　実際のところ、身体能力を高めるもの、もっと言えば、一種の霊能力や超能力のようなものさえ、身につけようと思えば不可能ではないんですよ。その意味では、オウムのヨガにしたってそれほど特殊なことをやっているわけではない。与太話ではなく、日本にも中国にも、そういう力をわりあい安全に身につけることのできる修練はさまざまな形で伝統的に存在しています。一般にあまり知られていないというだけで。しかしそういう力を身につけることができたとして、次にぶつかるのは、それが自分にとってどういう意味を持っているのかという問題です。未来が見えても霊が見えても、あるいは特殊な身体操作ができるようになったとしても、日常生活で多少役に立つ(?)くらいで、それはそれだけですからね。だから、達成感があるといってもやはり一過性のもので、超能力や霊能力が自分の生にとって真に有機的なものとなるためには、それに意味づけを与える物語が必要とされたはずです。それがオウムにおいては教義だったという話でしょう。

しかし、宗教離れが進んだゼロ年代後半、日本のスピリチュアルな雰囲気の中ではどうだったのでしょう。ほとんどの人はどうでもいいという感じでしょうが、今でもそういう力が欲しい人は大勢いて、生半可な知識で独学で修行をやって廃人になったりするわけです。そこでは自分の能力に意味づけを与えてくれるような枠組みは、もはや存在しないし、不要である。力＝スキルを身につけるのは、ロールプレイングゲーム的な感覚なのかもしれません。ゲーム的リアリズム？　あるいは、いずれにしても意味づけを獲得できなければ、力をコントロールできないという話かもしれません。いくつかの伝統宗教においても、人が啓示や修行を通過することで特別な力が身につくと示唆しているものがありますが、たいていの場合それは副産物にすぎないのであって、あまり気を取られてはならないと教えています。そこを誤ると、「偏差」や「禅病」と呼ばれる状態に陥る。結局のところ、こういう個々の力それ自体には特別な意味はないのだと思います。だけど、そういうことを実際に自分で実感できるように、頭で納得できるようになるには、結構時間がかかるんですね。

仲正　身体的な修行や物語の改変に行く前に、人を自在にあやつる能力というのがあったと思う。言葉で人をうごかす、言葉で人をあやつる。左派系のインテリゲンチャやジャーナリストが旧統一教会のマインドコントロールにこだわるのも、かれらにその願望があるんじゃないかと思えてくる。

言葉で人を操りたいというのは、左翼や右翼にかぎらず知識人に多いですよ。大学の教員を見ていても、出来ない大言壮語で学生を従わせようとする。それは君、新興宗教っぽい詐欺じゃないのと言いたくなるほど、不可能なことを云えちゃう人がいるんですね。それがまた学生の人気を博したりする。言論人、批評家、総じて知識人といわれる人は、言葉で人を支配する願望があるんじゃないかな。そして言葉で人を動かすことは、物語に生きることとメダルの表裏で、他人の生き方を支配することで、自分の物語の正しさを実証した気になる。

塩野谷　自分自身が物語を支える根拠になる。物語の〈父〉になるということですね。だけど、それは無理があるんじゃないかなあ。物語が完全なものであるためには、それを支える根拠たる自分は、物語の外部にいなければならないはずで。

仲正　そう、たとえば研修セミナーの講師をやる人は、聴衆を沸かせることに使命感を持っています。驚かせたり笑わせたりと、内容よりも話術で圧倒しようとする。あれは癖になるんでしょうね。左翼のアジ演説や政治家の演説もそうでしょ。聴衆の反応がなければ成立しない。それを強引な言葉で引き出す。

布教するタイプの宗教は、かならず説教で人の人生を変えていくわけです。パウロが典型的ですが、旧約聖書の登場人物もほぼすべてそうです。扇動的な左派知識人も宗教指導者も、利己的な意味ではあれをやりたいんですよ。演説の力で歴史を変えるという意味では、レーニンの演説は伝説的な扱いを受けていますね。第一次大戦のときに封印列車で帰国したレーニンは、ペトログラードで街頭演説（辻説法）を繰り返し、労働者や農民だけでなく、兵士たちも味方に付け、暴力革命への道を開いた。演説で人を動かすのは、あれをやりたいんですよ。身体をスピリチュアルな体験で鍛える。それを奇跡と呼ぶか修行の成果とするか、あるいは天啓を得た弁舌力とするかはバリエーションがあるとして、それに成功した者の物語を描き、成功者＝指導者として自分を押し出す。オウムはスピリチュアルな修行の限界から、人を動かすほうに大きく舵を切ったわけです。そっち方面のスキルが、思ったほどなかった。そのまま壊滅してくれれば良かったんだけど、しかし内部に対しては効いていたので、サリン事件として表出したわけです。

■アイドル的共同性の秘密

塩野谷　スピリチュアルが個人の実践にとどまっている間は、共同性には到達しないんです。共同性へと到達するひとつの道筋は、さきほど仲正さんが言われた、言葉で人を動かす次元ですね。言葉によって人は共同性へと到達する手がかりをつかむことができる。人を支配する欲望についてですが、これは組織の中で役に立つんですよね。良し悪しは措いておいて、それは個人にとっても役に立つし、組織にとっても役に立つ。数年前まで革共同系の人たちの近傍で自治会活動をしていた友人が以前、「オルグが一番重要だ」と言っていたのを聞いたことがあります。何のことはない。圧倒的多数の人は彼らの組織に属していないし、順調に人が増えることも期待できないから、存続していくためにはオルグするほかないわけです。そんなことは、よほど人気があるのでない限りは、どこの集団でも事情は同じですが。

人間が生きていくうえで、共同性は不可欠なものです。それはスピリチュアルなものを求めている人たちだけではない。孤独を愛する人でも社会から隔絶されて生きているわけではない。ほとんどの人は共同性なしには、言い換えれば関係性なしには生きていけない。だけども、それが趣味の集まりであれ何であれ、集まりに参加するには、時間とおカネも必要になる。余暇にさくことのできる時間やおカネを持っていること、それだけの社会生活を送れることが一応は前提とされている。

たとえばアイドルを媒介にした集まりがあります。この集団では、その中心にアイドルという偶像が存在しているわけです。じっさい、中国語でアイドルは「偶像」といいますが、ここでの「偶像」とは、宗教学用語の「偶像崇拝」とか「偶像破壊」とかいったときの「偶像」の意味ではありません。一神教で「偶像崇拝」や「偶像破壊」と言うとき、そこにはある種の表象不可能性という視点からの批判がありますね。つまり、神を偶像のようなものに表現することなどできないし、ましてやそれを崇めるなど間違っている、という発想です。旧約聖書の詩篇には次のような箇所があります。「国々の偶像は金や銀にすぎず人間の手が造ったもの。口があっても話せず目があっても見えない。耳があっても聞こえず鼻と口には息が通わない。偶像を造り、それに依り頼む者は皆、偶像と同じようになる」（詩篇135:15-18）。しかし、アイドルの場合はそういった偶像とはちがって、たしかにそこに存在しているわけです。ただし、通常の意味での接触は禁じられている。そういった羨望の対象としてある。その意味でアイドルとは、宗教学的な意味での偶像ではなく、むしろカント的な物自体(Ding an sich)に近いと思う。

アイドルはファンの共同体の中心にあるわけですが、通常の手段で直接アクセスすることはできないという運営上のルールがあります。金銭的な交換を通じてのみ、ファンはアイドルにアクセスすることができる。特典会や握手会などですね。こうした共同性は、アイドルに接したいというファンの欲求によって成立しているわけですが、これは構造的には逆に、「無銭接触禁止」という運営のルールや制度によって、人々の欲望が組織されているともいえる。これはスピリチュアルな人たちの集まりと非常によく似ている。スピ系の人たちは各自のスピリチュアルな体験や経験に基づいて、お互いに惹かれ合う。元地下アイドルで現在は歌手・ライターの姫乃たまさんが『職業としての地下アイドル』で書いていましたが、アイドルの共同体空間は承認と共感の空間で、これもスピ系の集団との共通点ですね。しかし、アイドルにしてもスピリチュアルにしても、金銭的な交換を介して共同性を構築してきたのに、二〇二〇年代の日本の経済的な没落に逢着したとき、このようなコミュニケーションや共同性のあり方はどうなっていくのでしょうか。

仲正　うん、なるほど。日本のアイドルの場合、韓国に比べて未熟ですよね。あれね、未熟のほうがいいんだと言われてますね。未熟なアイドルを育てていく、そのアイドルの成長過程を自分たちで守ろうとする。完成体ではなく、育てていく過程が重要で、それに費やす時間が長いほどよい。自分たちで育てていくという物語があって、ＳＮＳでアイドルの悪口を言われると非常に怒るのも、物語の一端ということができる。自分が参加する物語は、費やす時間が長いほど実感があるはずです。

こうした傾向はアニメやラノベのほうがもっと顕著で、東浩紀が云う二次創作がそれです。

二次創作は自分が書き手として物語に参加できる。そのいっぽうで、ネットを通じてプロデューサーやクリエーターの側も、ファンの動向がわかるようになったので、作品にその反応を反映できる。アニメ作品が双方向の参加型になってるんですね。たとえばこの登場人物を殺すなとか、この二人をくっつけるなとか。ジャンプやマガジンなどの漫画雑誌も、人気投票やファンの投書を作品に反映させてきたわけですが、より直接的に読者・視聴者を参加させるようになってきた。そうすると、キャラクターの成長に、単に自分を投影する域を超えて、自分がその成長・育成に参加しているような気になってくる。アイドルよりもアニメオタクが作品にのめり込めるのは、物語の時間がどんどん伸びていくし、枝分かれすることもあるからでしょうね。

塩野谷　アイドルと宗教の明確な違いの一つは、アイドルは〈父〉にはならない、あるいはなれないという点でしょう。アイドルは〈父〉になる前に、グループを卒業したり解散したり、あるいは芸能界を引退して一般人になって就職してしまったりするので、偶像たりえなくなってしまう。他方、アニメや漫画の場合は、仰ったように二次創作が可能で、近年では読者と作家がネットでつながることができるようになった。しかし、その結びつきというのは無媒介なんですね。それまで媒介項として機能していた編集者や雑誌のシステムを飛び越えて、作家と読者が直接つながっていく。この無媒介なつながりは手続きの排除であり、ある意味でスターリニズムに近い。そこでは、作家が実際には出版システムの中に囚われている個人にすぎないということが、読者の頭からはこぼれ落ちてしまい、自分の欲望を十全に表現してくれるはずという幻想が生まれ、しばしば個人崇拝の対象となっている。

仲正　うん、その直接性をアイドルに取り入れたのが、ＡＫＢ48のシステム。総選挙ですね。アイドルを自分たちで押し上げていける。ああいう直接性を取り入れると、参加者たちをクリエーターになった気持ちにさせる。それからYouTubeですね。自分でクリエーターになれる。これまでだと、物語を作るには秋元康のような企画者の立場をゲットしなければいけなかった。秋元康にならないまでも、芸能プロに入るか映像ディレクターになる必要があった。そのための技能を身に着けるには、物語のおもしろさとは関係のないスキルを修練する必要があった。宗教や左翼の大衆運動でも、大きな組織に入って地道に滅私奉公で活動を積み上げるよりも、一人で突出して人を集めるほうが楽しい。人を惹きつける雰囲気というか。

塩野谷　そういうモチベーション作りは、いまは宗教や政治運動よりもマルチ商法の勧誘とかのほうが上手いんです。「物語」の解説は、かつては知識人や文化人の特権でした。そこで語られる「物語」は、それを語る知識人や文化人にとって実存的な契機のあるもの、つまり個人的なモチベーションに基づいた個人的な物語であるにもかかわらず、あたかも誰もが共感できるような普遍的な物語であるかのように語られてきた。あるいは、そのように語る能力を持っているということが、知識人の要件でもあったわけですね。ところが今では、そういう「物語」

はどこかへ行ってしまって、あるいは、時代の雰囲気のようなものにアウトソーシングされてしまって、YouTuberたちは自分たちがやってきたことや、これからやることを発信しています。そうやって、インスタントなスターになっていく。実際にはそれにも才能が必要で誰もができることではないんですが、オールドメディアを通じてスターになろうというのに比べれば、誰でもできそうな気にはなりますよね。

仲正　ホリエモンがその方面のアイコンになったんでしょうね。ＩＴの技量やコンテンツ作りでは他にも有能な方がいたんでしょうが、彼は独自の発想力を発信してネットのアイコンになった。第二第三のホリエモンをめざして、何とかインフルエンサーが出てくる。インフルエンサーって、病気みたいで嫌な言葉ですが。

塩野谷　いまはその文化領域のアイコンが、ひろゆきです。

仲正　ひろゆき、ねぇ。

塩野谷　ひろゆきの場合は、2ちゃんねるの立ち上げなど草分け的な実績はあるわけですけど、それが現在彼がウケている根拠ではない。明らかに従来言われていたような意味での知識人ではないのに、論破力というかチート能力というか、ルールの穴をついたり社会の穴を遡行していく能力でウケている。だけどそれって、ぎゃくにいえば、そうしなければ生き延びていけない社会になってきているということで、ひろゆきのことが好きな人たちは、そのことに意識的にせよ無意識にせよ、気がついているんじゃないかな。２ちゃんねるという契機はあっても、かれの物真似されがちな喋り方とアノニマス[※23]のトレードマークみたいな風貌は、『マトリックス』のエージェントみたいに誰でもそれに成り変われうるアイコンとしてウケていると思う。

仲正　初期のインターネットメディアには、特別なＩＴ技術を持った人間がやっているというイメージがあって、技能のない人間がそこに入っても下っ端の仕事しかできないと思われていた。ひろゆきの場合も最初は、ＩＴの特殊技能者の立場から発言していたものが、発言の内容自体よりも、ネットメディアの中にポジションを確保することで論破王と呼ばれるようになった。

　メディアの中で目立つこと、発言がもとめられる時に発信できる。メディアの中でポジションを得るのはニーズに応じられること。わかりやすく喋れることでしょう。東浩紀も注目されるようになったのは、難しいことを言わずにわかりやすく解説できるようになったからです。

塩野谷　難しいことを言っても、聞いてもらえないですからね。

仲正　昔は丸山眞男のようなポジションがなければ、メディア側から何かこの問題で発言してくださいということはなかった。でもいまは、東大教授にわざわざ意見を求めに行っていないし、東大の哲学教室に誰がいるとかは知らなくても困らなくなっている。社会的ポジションで発信することがなくなった代わりに、メディアの求める発言でポジションが決まる。ワイドショーの扱う範囲が増えたのと、誰でも人を動かす発言ができるようになった。そうすると、自分も有名人に絡むことで、人に影響力を与えたいという願望が出てくるんです。

人間が共同体から孤立すると、自分がその頂点に立つか落ちこぼれるかということになる。上に立ちたがるというか、影響力を持ちたいという人間が増えているんでしょうね。SNSで「いいね」の数を求めるとか。私に言わせれば匿名の反応で「いいね」が増えて何かいいことがあるのかと思うけど、あれをやってる人にとっては自分の発言が影響力を持ったと、満足できるんでしょうね。

■座標なき時代の発信力

塩野谷　いや、「いいね」をたくさん集めることはいいことがありますよ。インフルエンサーというのは、そういう職業なんですから。正確な数字はわかりませんが、トップ・インフルエ

※**23**　アノニマス　英語圏の匿名掲示板4chanで結成された国際的なハッカー集団。ガイ・フォークスのデスマスクを模した仮面をトレードマークとし、サイエントロジーやロシアなど彼らが自由の脅威と見なす敵に対して、突発的な攻撃を展開してきた。

ンサーなら一ヶ月とか一週間とかで、普通のサラリーマンの生涯年収くらいを稼いでしまう人もいるのではないでしょうか。匿名の反応を集めてお金も稼げるんだから、まさに、いいね！です。昔なら一般人とは隔絶されたタレントがＣＭに出演してやっていたような仕事ですが、今は一般人とタレントの中間にある亜タレントのような人たちが大勢出てきたという感じでしょう。もちろん、こういうスターシステムが機能する背景には、ＳＮＳで影響力を持ちたいという欲望があるわけですね。

しかし他方では、企業や政府がインフルエンサーを使って何かを宣伝させようということも起きています。コロナ禍初期にはYouTuberのHIKAKIN氏が小池都知事と対談して「自粛」を呼びかけていたし、最近では防衛省がインフルエンサーを雇って世論工作を行う研究に着手したと共同通信が報じていました。古いメディアの共同体から脱したはずのインフルエンサーたちが、国家のようなより大きな共同体に絡めとられていく。そういう構造があります。

仲正　インフルエンサーが共同体から遊離するのは、極端なことを言うので敵を作っちゃうからなんです。極端なことを言わなければ突出できない。その敵の作り方なんですけど、ワイドショーのコメンテーターになったつもりのオジサン・オバサンに嫌われるのは仕方がないとして、学者や芸術家は同業者から評価されないと困るわけです。承認欲求の根幹には、自分が属する共同体、この場合は学界や専門家のグループになりますが、そこで承認されることが不可欠なんです。とくに左派系の学者や論者は、自分の属するせいぜい二十人・三十人という仲間内の評判を気にする。だから敵対陣営への批判は大胆でも、身近な人たちへの発言は慎重になる。

そのいっぽう、本当にテレビのコメンテーターになった場合、視聴者がすぐにピンと来て、MCが苦労してまとめないでも、すぐに引き取ることができるような発言でないと、受け入れられない。そんなに単純な話じゃないと思っても、わかりやすさを優先しないといけないわけです。YouTubeのインフルエンサーは、さらに単純化していると思うんです。観ている人たちから、こいつ節操がないなと思われても耐えられないと、ひろゆきのような人間はやっていけないんです。

その意味で、自分が属する共同体がそもそもないのか、あっても気にならないようでなければ、やっていけない。専門的な狭い共同体のなかでの承認と、メディアやSNSでの広い承認欲求はまったく別物で、両立することは不可能だと思います。学者として専門的な共同体の中で発言する人は、本来メディアでの発言に向いてないんだけど、一部の人は、乗せられると、メディア的に発言できるようになるんだと思います。メディアの側は、あの人に発言させれば間違いない、ということになるから重用されることになる。メディアにコメントを求められるようになると、たぶんそうなっていくんでしょう。

私なんかは旧統一教会が想像を超えて酷いというコメントを期待されていたんでしょうけど、

なかなかそれをストレートに言わないから依頼が来なくなりましたけど（笑）。あんまり期待されなくなったんでしょうね。自分の発言で、たとえば法案ができたりすると、成功の体感が中毒になるんじゃないかな。役者をやったこともありますが、ミニ劇団での演劇でもその道のプロに評価されたりすると、これも中毒になると思いますね。

いろんなところで中毒になることはあると思うんですが、学者として何で認められるべきか、理論が認められる、パフォーマンスで認められる、弁舌で認められる。あるいは単にインフルエンサーとして認められる。おそらく最後が一番ハードルが低いでしょう。私はそんな影響力を与えたことがないからわからないんですけど、一度影響力を発揮できてしまうと抜けられなくなるんだと思います。抜けられなくなるのは、たぶん勝利体験だと思う。いまの若い人が左翼にならないのは、左翼に勝利体験がないことを知っているからでしょう。勝っていたら、後継者が現れて続きます。安保法案でちょっとでも自民党に譲歩させていたら、それが実績になって、運動が持続していたはずです。

今回、旧統一教会の救済法で、元二世信者の被害者がたくさん出てきたでしょ。元二世というのは本当なんでしょうけど、あれはたぶん成功体験に乗っかりたいんだという見方もできる。この人たちこそ、旧統一教会の体質そのものだなと感じます。宗教をやめるということは、それまで君たちの力で世界が変わるんだと言われていたことを、まるごと捨てるわけです。それに代わる役割性が欲しいに決まっている。そういう状況では、法案を作ることに自分が貢献したということになれば、参加実感が半端なくつよいでしょうね。だって統一教会は法案なんか作ったことないんですから。

塩野谷　三万筆の署名を集めたそうですね。

仲正　そこは徹底している。左翼と同じです。さすが元統一教会の信者だという感じです。世の中を動かして、それを自分の実感、実績にしたいという欲求が非常に強いのだと思います。むかしから、左翼をやめたら右翼になって、右翼をやめたら左翼になる、と言われていますね。何らかの形で強烈な思想を信奉し、政治と社会に影響力を持ちたい。それが生きる実感として不可欠なんです。

　自分の物語を変えるということは、自分が影響力を行使する戦略を変えることなんです。新しい教科書をつくる会の藤岡信勝[※24]さんが、そういう言われ方をしてましたね。内的な契機はよくわかりませんが、藤岡さんが強烈な左翼だったのは間違いないことです。林義道[※25]さんも、六〇年安保世代では有名な左翼だったらしい。

塩野谷　ユングの翻訳者の林義道さんですか？

仲正　そうです。林さんは左翼からユング研究に行くんですが、父権論を経由して保守右翼に。

塩野谷　わかりやすいですね。

仲正　藤岡さんも、かつては自分が破壊しようとした、天皇を中心とした国家の論理を、日本を考える契機にしようとしている。右翼は理論がないと思われがちですが、左翼を経由した右翼の人たちは、論理志向なところがある。右の立場から、単に国家を称揚するだけでなく、国家の論理を再構築する、というのも出来なくはない。

塩野谷　神話や歴史のように想像力を喚起する素材にあふれていますからね、右派の場合は。

仲正　右のほうが物語の素材に関して自由度が高いですから、うまく理論化して持ってくれば面白いものになる。左翼がマルクスの枠組みの中でバリエーションを変えて、これが新機軸だと無理に云うのとちがって、素材だけはたくさんあるからクリエイティブな理論を創り出すことは可能だと思う。

■善悪をこえたアニメの世界観

仲正　右派的な世界観は、いろんな神話を動員できるし、アニメなんかと簡単に融合できるんです。マルクス主義的な左翼の場合は枠組みが決まっているので、アニメにするにしても形が限られてしまうんです。たぶん、あんまり面白くないのばっかりになっちゃう。セカイ系といわれるものは、たぶん左翼とは親和性が低い。

塩野谷　アニメが右派的なイデオロギーと親和性が高いというのは、現在のアニメがまさにそうだと思いますが、それはアニメという媒体に顕著に現れるというだけで、現代日本のポップカルチャー自体が宿している性格でもあるんじゃないですか。

仲正　左翼の世界観の場合は抑圧されている弱者がいて、それが救済されなければならないと。そしてその弱者に苦労をして、味方をするヒーローがいると。これを必ず入れなければならない。それは右翼にも転用できるんですけど、右翼が使用する神話というのは、基本的に善悪がないんです。キリスト教のように啓示宗教になってくると、絶対神の存在から善悪が顕在化してくるんですが、神話は基本的に歴史叙述なんです。歴史に素材を採るアニメが神話や中世伝説に依拠するのは、善悪ではなく何が勝利するかわからない世界観があるからだと思う。勝つために必要な要件を決めるのが嫌なんでしょうね、最近のアニメは。左翼からみて、天皇主義

※**24**　藤原信勝　教育評論家。元東大・拓殖大学教授。北大在学中に民青同盟に参加し、共産党に入党。九一年の渡米、湾岸戦争を契機に右翼に転向し、新自由主義史観を唱える。

※**25**　林義道　ウェーバー、ユングの研究者。元東女大教授。六〇年安保闘争に全学連組織部長として参加。

の典型的な右翼文化は、じつは壊滅状態で、目立っているのは、神話とアニメが混合したようなフワフワした、陰謀論的な世界観に浸って、自分たちが世界を動かしていると思い込んでいるだけのイタイ人たちの集団が増えているだけかもしれない。そういうのに養分を与えるようなアニメが流行ってるんです。

アイドルでも昔みたいな、正当に努力しながら完成を目指す、けなげな美男美女じゃない。AKB48の指原莉乃[※26]みたいに、ズルくてもいいみたいなところがあるでしょ。悪名は無名に勝るというか、とにかく影響力があればよいみたいな。そういう、正体不明のダークさは、神話的な想像力を喚起しやすいんです。

塩野谷　アニメと実写の違いってなんでしょうね。アメリカの実写ドラマや映画では、リベラルな価値観に親和性が高いものも多いんじゃないでしょうか。アニメはイラストであってキャラはそれ自体で独立しているんだけど、ドラマや映画のような実写の場合はそれぞれのキャラを俳優が演じていますね。私たちは実写作品を観るとき、そこに出演している俳優たちがそれぞれ、これまでどのような作品でどういう役柄を演じてきたかということを念頭において観るじゃないですか。そこでは役者自身が有している歴史性が映像に投げ出されるわけですね。もちろんそれは、各役者に対してのステレオタイプに縮減されてしまう場合もあるんですが。デンゼル・ワシントンなら屈しない偉大さとか、ロバート・レッドフォードはヒューマニズム、ハリソン・フォードは冒険心とか。こういう実写映画に特有の前提は、アニメとは媒体として違うところですよね。

仲正　確かにそれはあるけど、それでも創り方で何とでもなるんじゃないかな。デンゼル・ワシントンだって悪役[※27]はやってるし。ジョニー・デップとかどっちでもできる人でしょ。ブラッド・ピットなんかいい人しかやってないけど、悪役ができるタイプだと思う。ところでアニメ関係で言うと、ハリウッドのアメコミ作品は暗いのが増えてますね。ダークヒーローばかりになってる。

塩野谷　どうしてでしょうね。

仲正　最近でいえば、ブラックアダムみたいなの。ジョーカーやバットマンシリーズも、どんどん暗くなってる。バットマンは最初のころは、原作の暗さを取り除いて勧善懲悪主義だっ

※26　指原莉乃　タレント、アイドル・プロデューサー。元ＡＫＢ48のメンバーでセンターも務める。著書に『逆転力』。

※27　デンゼル・ワシントンの悪役　悪徳刑事に扮した「トレーディング　デイ」「アメリカン・ギャングスター」など。

たのが、いまはもうバットマン自身が心に闇を抱えていて、それを抑えなければどうにもならないところまで来ている。敵の倒し方も段々残酷になってます。それからジェームス・ボンドもそうだ。ダニエル・クレイグね、あの人の演技が暗いし、肉体的苦痛を強調するようになった。007って明るい映画だったのに。

やってることも暗いよね、正義の味方でボンドガールとのラブシーンとか、基本プロットは同じだけど。戦闘に巻き込まれた一般市民が死ぬことをあまり気にしていない。次のボンド役は誰がやるんだろう。三〇歳代とか言ってますけど、グレイブよりも暗いやつって、いるのかな。

塩野谷　神話的な物語には善悪がないと言われましたけど、その物語の語り手は、明らかに善の立場にはいないんです。周縁的な領域から言葉を紡いでいるから、効果を持つわけですよね。

STAGE 3

公共的理性と宗教の錯綜

■ユートピア主義における「時間の切断」

仲正　いまのアメリカでは、まじめなバイデンがつまらない正論を語る人になってるわけです。

塩野谷　正論を語るとドグマティックに、教条主義的にならざるを得ない。さっきから仲正さんが言っている「左翼」というのは、おそらく教条主義のことですよね。教条主義的なことばかり言っていると、思考が貧しくなるんですよ。当たり前のことばかり言っていると、バカになるというか。自分で考えなくなりますからね。たまには原則論的なことを確認しなければならない時もありますが、実際にはそういう原則を再確認しているだけに過ぎないのに、何かを考えたつもりになってしまう。SNSでわかりやすい政治的発言をしてインフルエンサーになる知識人なんかそうだと思います。誰にでも言えるようなことを言って持て囃されていると、自分がダメになるという感覚がないとおかしい。そのような教条主義的な貧しさに対して、政治的想像力を回復しなければならないというのが、左翼の中にあるユートピア主義です。マルクス主義者だとジェイムソン[※28]、あるいはグレーバー[※29]でもジャック・エリュール[※30]でもいいですけど、彼らのような左派ユートピア思想家が「政治の廃止」を掲げていることは、単なるユートピア思想以上に意味があると思います。

古典的な史的唯物論や形而上学的な歴史観においては、歴史の必然として理想社会の到来が説かれるわけですが、そこでは到来する理想社会が一体どのような社会なのか、われわれが今現在生きているこの現時点で認識できるということになっている。しかし、現在のわれわれの認識は、政治であれ文化であれ、われわれ自身がその内部に立たされているという意味でさまざまな制約を受けているのであり、それゆえに外部からやってくる理想社会の姿については知りうるはずがない。それに対して「政治の廃止」を掲げているユートピア主義は、到来するユートピアの内実が現時点では認識不可能であることを前提にしているのです。ここでは認識できないものを目指して進まなければならないので、それをそこにたどり着くための道筋をどういうふうに探るのか、設定するのかが問題になります。理解を助けるために、この問題から連想しうる寓話的なエピソードを、いくつか挙げておきましょう。

旧約聖書の出エジプト記第二四章は、モーセを介して神とイスラエルの民が契約を結ぶ場面ですが、契約の書を読んで聞かせるモーセに対して、民が「わたしたちは主が語られたことをすべて行い、そして守ります」(新共同訳、出エ24:7)と答えています。ここで日本語の新共同訳聖書では「行い、そして守ります」と訳されている語は、原語の聖書ヘブライ語では、〝נַעֲשֶׂה וְנִשְׁמָע〟、直訳すると「行い、そして聞きます」という意味になります。ところで、われわれが誰かの指示に従うときは通常、その指示を出す人の命令をまず聞いて、その後でそれを実行しますよね。ですから本来なら、「わたしたちは聞き、そして行います」となるはずです。

したがって、この「行い、そして聞きます」というのは順番が逆だということになる。この謎めいた箇所についてはタルムード[※31]でも論じられていて、レヴィナス[※32]も言及しています。タルムードのある注釈では、これは天使の知恵であると解釈されている。普通の「聞き、そして行います」であれば、神の命令を聞いてからその内容を吟味し理解するというプロセスが含まれているわけですが、「行い、そして聞きます」であれば、まだ自分がその意味や効果について十分に理解できていない命令に従い、そして従うことで初めてそれについて理解できる、という

※28　フレドリック・ジェイムソン　アメリカを代表するマルクス主義批評家。『のちに生まれる者へ』『サルトル』『政治的無意識』『ポストモダニズム』など。
※29　デヴィッド・グレーバー　アメリカの人類学者。『負債論——貨幣と暴力の5000年』など。
※30　ジャック・エリュール　フランスのプロテスタント知識人・思想家。『技術社会』『アナキズムとキリスト教』など。
※31　タルムード　ユダヤ教の聖典。口伝律法ミシュナとそれに膨大な注釈を加えたテクスト群。大きなユダヤ人共同体が存在したエルサレムとバビロニアの二つのバージョンがある。
※32　レヴィナス　フランスの哲学者。

含意があります。後者は、神への完全な信頼がなければできない行為ですね。その意味で、「天使の知恵である」と言われるわけです。以上はテクストの文言に対するひとつの神学的な解釈ですが、ここで重要なのは理解や認識が及んでいない領域の到来を受け入れるということ、そしてそれに向かってジャンプしなければならないということです。

あるいは、ラカン[※33]のいう「三人の囚人のジレンマ」からも、同様の教訓を読み取ることができます。このジレンマは論理的には解決不可能であり、各人が置かれた条件から可能な論理的理解を飛び越えて、看守＝神に対して、彼は全員を救おうとしているのだという信頼を抱くことによってはじめて、ジレンマを突破することができる。ここにも認識不能な領域を通過する必要性が説かれています。カフカの「掟の門」も同様です。認識不能な領域を通過しなければならないということは、われわれが生きている現在とユートピア的未来の間には切断があり、そこに有機的な繋がりはないのだ、ということを意味しているのです。先に挙げたユートピア思想家たちのいう「政治の廃止」の「政治」とは、現在から有機的につながった未来世界のこと、言い換えれば、われわれがすでに手にしているものから作り上げられている、想像可能な未来のことを指していると理解するべきです。

しかし、形而上学的な歴史観にはこの切断がない。そこでは、未来は歴史に規定された必然ということになっているし、そのプロセスに参与する自分たちもその歴史的必然の一部として存在していることになる。その連続性の中に身を投じていく。ここでの問題を極めて単純化すると、運命と自由意志の関係という古典的な問題になります。世界の物事はすべて運命としてはじめから決まっているのか、それとも私たちには自由意志を行使する余地があるのか。スラヴォイ・ジジェク[※34]は映画の『メッセージ』[※35]をとりあげて、こうした宿命的な世界観の中では、起きるとわかっている未来を選ぶという行為は、それが事実を記録するだけの何ひとつ変えることのない余計な身振りであるという一点において、まさに必要とされる行為なのだと言っていますね。それを選ばないとしたら、存在論的な破局が訪れる、と。

さて、それに対してユートピア主義が要請する切断とは、連続性に対する切断なんです。そしてこの切断というのは、おそらく時間の切断として理解できる。もういちど旧約聖書に戻れ

※33　ジャック・ラカン　20世紀フランスの精神分析家。無意識や「死の欲動」概念を斥けていた当時の精神分析学を批判し、「フロイトに帰れ」と訴えた。
※34　スラヴォイ・ジジェク　スロヴェニア出身の哲学者・精神分析家。ドイツ観念論やラカン派精神分析や共産主義政治理論を用いて、現代社会や文学、映画などを論じ、大きな影響力をもつ。著書多数。
※35　映画『メッセージ』　宇宙船で飛来した知的生命体との対話を通じた、時間の超越がテーマ。

ば、創世記一章は天地創造の物語です。神は安息する七日目も含めて、七日間で世界を創造したと書かれている。この天地創造のときの一日二日と、ノアの方舟の四十日というときの一日二日、そしてさらに時代がくだって、イスラエルの王国時代が描かれている場面での一日二日というのは、同じ一日二日ではないでしょう。つまり、神が世界を創造した七日間と、イスラエル王国の人々が過ごす七日間とは、同じ長さや意味を持つ七日間として理解するべきではないということです。天地創造時代の一日と、王国の日々の一日とのあいだには切断がある。本当はもう少し丁寧に論じなければならないのでしょうが、ここでは神の天地創造という革命的な出来事が生じたことによって、時間の概念そのものが変質したと理解することもできる。

こうした理解は、旧来のマルクス主義的な時間理解に対する免疫にもなるはずです。たとえば、革マル派やそれに影響を与えた埴谷雄高なんかの「革命のとき」というのは、無限の未来に革命が起きる。未来の無階級社会からの目をもって現在に降り立っているんだ、と言って、じゃあその革命とやらはいつ成就するんだと問われても、やっぱり無限の未来なんだというほかないわけです。しかし一方で、自分たちは革命後の未来の視点を持っているのだから絶対に正しいんだといって、真理を自分自身で担保しようという方向にどんどん流れていく。反スタの到達点としてのスターリニズムですね。埴谷の場合はカントですから、主客の合一に対する禁止＝不可能という視点がありましたが。

しかし、時間概念そのものの切断という視点を導入すれば、ユートピアが到来するのは明日かもしれないし千年後かもしれない。それはわからない。ユートピアは人事を尽くしたあとに、向こうからやってくるものだし、やってきたときには全てが変わってしまう。

仲正　ジェイムソンが革命的な想像力について語ってるといっても、誰もそんなことは本気にしないと思う。だいたい限定が付いてるんです。弱者救済とか平等とかの条件付きで、それが左翼のいいところでもあるんですけど、それがなぜトランプキッズみたいな人々に響かないのかというと、こういうことだと思うんです。

白人の労働者で経験もある人たちは、白人労働者としてのプライドは失いたくない。弱者救済という設定を受け入れると、自分がそうだと受け入れることになる。では、弱者だと認めたら、無条件にみんなから同情され、救済の対象になるかというと、そうでもない。これは赤城智弘の「丸山眞男を引っ叩きたい」いらいの議論で、結論は全然出てないんだけど、常に「あなたよりも可哀そうな人」はいる。何らかの意味で、私より可哀そうな人はいる。あなたも大変だろうけど、もっと可哀そうな人たちがいるんだ、という話になってしまうわけです。ユートピア主義になればなるほど、底辺まで救うという話になるから、ああ自分は関係ないなということになる。

塩野谷　没入できない、感情移入できないということですね。

仲正　そう。自分が活躍できれば、まだいいんです。

塩野谷　ライトノベルとかでは、感情移入を前提にしていない。たとえば西尾維新の作品では、極端に戯画化されたキャラクターがたくさん登場しますが、あれは人間が無個性になった二〇世紀精神の先にあるものとして理解できます。しかし、こうしたキャラクターや作品が実際に読者に受容されるときは、そのような無個性を隠蔽したり、あるいは〝克服する〟ためのデバイスとして受容されているのではないか、とも思います。

仲正　アニメでも、大抵の物語は最終的には弱者救済なんですけど、アニメだから敵は架空の存在でいいんです。自分の位置も感情移入しやすいところに落ち着けばいい。しかし現実の世界になると、自分がどこにいるのか分からない。たぶん主要なカテゴリーの中には入っていないという自覚を持つわけです。

■神道の問題点——ナショナリズムと共同性

仲正　右翼と言っていいのか分かりませんが、ナショナリズムを肯定し、ある程度排他的な性格を持っているという意味での右派は共同性を創り出しやすいと思う。いろんな素材の中から、都合の良いものを引っぱってきやすい。基本的な図式で縛らないから、というのがあると思う。

現在の自分と一致しているかどうかは一応置いておいて、自分の好きな、アイデンティティを持ってきやすい。今の右派は、天皇制への忠誠がかなり相対化しているし、日本の起源のイメージが曖昧なので、日本的なものが好きだったら、ハーフでもクォーターでも、皇室を完全否定してさえいなかったら、それほど尊敬していない奴でも、構わんというような雰囲気がある。

塩野谷　文化ナショナリズムになっているということでしょう。そしてそうしないと、もはやナショナリズムが成り立たない状態でもある。日本人の人口も減っていますからね。

仲正　島国で、他国の文化的影響が及びにくいので、極端な純血主義である必要はない。中国や朝鮮と民族的に近いこと自体は否定しようがない。いずれにしても、天皇制が絶対的求心力を持つような状況ではない。その意味で、島薗進さんの新書[※36]のまとめには、ちょっと疑問があった。

塩野谷　バルトの「空虚な中心」のくだりですね。何であんなことを、最後に書いてしまったんだろうと思いました。

仲正　左翼系の研究者はああいうことを言いたがるんですが、一見、空虚に見える表象や記号

※36　島薗進の新書『国家神道と日本人』（岩波新書）

が、実は政治的な吸引力を秘めている、天皇制には多くの人の理性を麻痺させる魔力がある、と云ってるわけです。皇居をめぐる表象は本当に空虚なのかって。まるで、皇居とか一般参賀とか、天皇制に纏わるものがそれ自体として魔力を帯びているような言いぶりです。宗教学者という肩書でそういうことを言うと、一見まともに聞こえるけど、それって、記号として利用される物とか制度がそれ自体として、人間の心に影響を及ぼすというかなり素朴な、マルクスが否定しているような物神崇拝的な記号観です。

　そういうことではなくて、空虚だから色んなものを容れられるというのは、あれはまさに丸山眞男が云っていたことですね。天皇制国家の皇祖皇宗の遺訓による統治というのは、何でも持って来れる空虚な入れ物であると。その空虚さを、日本イデオロギーと呼ぶことができる。天皇制と国家神道は色んなものを容れられるから、長生きできているわけです。丸山の言うように、イデオロギーの中身を固めてしまっていたら、長く続かなかったでしょう。左派に「正義」の制約がかかるのは仕方がない側面もあるわけですが、丸山眞男のような分析はできないのかな。

塩野谷　最近ですと、駒場出身の茂木謙之介[※37]さんがＳＮＳ投稿の表象をもとに、記号論的な分析をやっています。

仲正　天皇制イデオロギーと言ったときに、それが実体的に存在するような気になっていますけど、もともと本体、ご本尊などないわけです。決まった発信基地すらないんです。文科省にそんな機能はないし、宮内庁もそんなことは出来ない。神社本庁も民間団体で単なる神社の連合組織にすぎない。国家神道の遺産があるように見えなくはないけど、そもそも教義を発信できる組織がないんです。何となくあるように思わせるけど、実体がない。左翼は講座派・労農派の時代から、天皇制イデオロギーというものがある前提で議論してきたので、くせになっているのでしょう。ブルジョアイデオロギーというのが実体がない、誰かが中心的イデオローグであるわけではないのと基本は同じなのです。たとえばヘーゲルやカント、古典派経済学の学者たちが、キリスト教のイデオローグだったという言い方もできなくはないわけですが、そんな大風呂敷は無意味でしょう。天皇制イデオロギーにはそういう漠然とした意味での、イデオローグさえ名指しできないわけです。解釈の権威が居たかといえば、いないでしょう。

塩野谷　その意味でイデオローグというなら国学の流れとか?

仲正　国学[※38]は天皇制をめぐる歴史的な研究対象をするけれど、それを素材として神学的なイデ

※37　茂木謙之介　表象文化論研究者。東北大学大学院准教授。著書に『表象天皇制論講義 皇族・地域・メディア』(白澤社)、『SNS天皇論 ポップカルチャー=スピリチュアリティと現代日本』(講談社)など。

オロギーに組み立てるのはまた別の話でしょう。国学をやっていれば、必然的に平田篤胤[※39]のようになるわけではないし、少なくとも現代日本で、古代・中世の文学・文化の研究を、皇室崇拝や神社神道と結び付ける思考の回路なんて消滅しているでしょう。皇室祭祀は宮内庁でやっているでしょうけど、伊勢神宮などの神社は独自の祭祀を持っているわけです。神社本庁もすべての神社が参加しているわけじゃなくて、いくつかの神社の利益団体・調整機関にすぎない。皇室の参拝は皇族の都合で決めているんでしょうけど、儀礼そのものはそれぞれの神社に属する。国家神道でも何でもないんです。

塩野谷　祭祀やら儀礼やらというのは形式でしょう。形式だから宗教ではないとは言えない。

仲正　国家神道の実体であるかのように言われる靖国神社や護国神社にしても、べつに旧陸軍や皇族によって管理されているわけじゃなくて、神社独自の祭祀の考え方を持っている。

塩野谷　靖国神社は、A級戦犯を合祀した松平宮司のときに、昭和天皇が参拝をやめていますからね。

仲正　イデオローグ的な存在が取り仕切っていたら、そんなことはありえないですね。

塩野谷　西欧的なイデオロギーの概念では説明解釈できないものがあって、国策として教育等を通じて文化を醸成するとか、習慣が制度としてつくり上げられていくということがあった。先ほど話題に出た島薗さんの本の中でも述べられていましたが、そうした制度をもたらす効果としてイデオロギーの発生がある。したがって、天皇制イデオロギーと呼ばれているものに、何らかの実体があるわけではない。しかし制度的な実体が存在していないからといって、天皇制イデオロギーや国家神道も存在していない、ということにはなりません。

ところで、島薗さんは一連の仕事のなかで天皇制を解体すべきだとまでは言っていませんが、国家神道は戦後改革で解体されなかった、それが問題だ、と言っている。その解体されなかったということの根拠として、国家神道における皇室祭祀の重要性が論じられている。プロテスタント的な宗教概念理解で進められたGHQの宗教改革は、皇室祭祀を天皇家の私的な宗教実践として認めざるをえなかったから、これを解体しなかった。この論理を突き詰めると、国家神道を解体するためには皇室祭祀も廃止しなければならないということになるし、政治制度と

※38　国学　日本の古典を研究し、儒教や仏教の影響を受ける以前の古代の日本にあった、独自の文化、思想、精神世界を明らかにしようとする学問。扱う範囲は国語、国文学、歌道、歴史、地理、有職故実、神道に及ぶ。

※39　平田篤胤　江戸後期の国学者。篤胤が樹立した復古神道は、幕末の尊王攘夷運動の思想的な支柱となった。

しての天皇制の解体まで行き着くほかないはずですが、そこまでは明言していない。

仲正　祭祀がイデオロギーを生み出すと云っても、いま八十歳九十歳の人たちでも教育勅語をかろうじて覚えているかどうか、でしょ。教育勅語にしても、書かれていることがそのまま天皇制というわけじゃない。皇室の祭祀行事も、われわれは何が行われているのか、日常的に知らないわけです。年頭の祝賀も限られた人しか行かないし、皇族が手を振るのをテレビでちょっと見ているだけです。働いているとしても、丸山眞男が言ったような、実体の天皇とはかけ離れた、無構造の構造を持ったものなんでしょうね。日本というものがまとまって存在する、という意味ではイデオロギーは存在するんでしょう。でもそれだけでは、強い動員力は発揮できない。

塩野谷　天皇制と言ったときに、それは政治制度における天皇の位置づけを指すわけですから、形式的な大臣の任命権、国会の開会宣言と解散の御名御璽といったこれも形式、国事行為と呼ばれるものですね。内閣の助言と承認によるというのが憲法第三条と第四条。任免権は第六条、第七条が国会の召集、解散、法律の公布、大赦・栄典など、国事行為全般です。これがなかったら、天皇制とは言わない。残存している国家神道に特権的な地位が与えられていると言うなら、形式だけでも政教分離はしていないということになります。

仲正　国家神道といっても、決まった教義があるわけではないので、天皇の国事行為を見ている人が、それを見て国家神道を信奉するということにはならない。あるとすれば、ああ、昔からああいうのをやってきたんだな、という感じを出して、日本人の妙な一体感を持たせるということでしょう――本当はそんなに昔からでもないのに。そういうのに潜在的な危険があると言うのは分かりますが、それを右傾化とか、天皇制イデオロギーを喚起するとか、必要を遥かに超えて実体化しようとするから、信ぴょう性がなくなる。統一教会系の儀式を見たら、統一教会に洗脳されると言っているのと同じです。それを信じるバカが一定数いて、そういうのを島薗さんみたいな人が煽るから嫌になる。

塩野谷　確かにそうなんですが、個人としての明仁上皇と徳仁天皇は護憲派といいますか戦後民主主義を内面化していて、右派からは批判されている。

仲正　日本人にしか通用しないような、神話的な話を集めてきて文化的なものにする。それは政治的に転用できる。右派はそれをときどき利用する。そこまでは言える。

塩野谷　体系的に受容されているわけではなくて、モチーフを拾い集めてきている。東浩紀のいうデータベースに近いのかもしれませんが、日本で生まれ育ったり、あるいはそうでなくとも日本文化に慣れ親しんでいる人なら、ぼんやりとでもそのモチーフがわかる、というのが前提としてある。創作物の中には、天皇が登場するものは少ないけど、他方でネットスラングのレベルでは、「天皇」という言葉はかなり出てきます。

私の友人の高井ホアンくんが書いた『戦前不敬発言大全』という本では、「実力のある者をドシドシ天皇にすべきだ」という戦前の投書が紹介されているのですが、この「ドシ天」なんかは完全にネットスラングとして定着していて『ニコニコ大百科』にも載っていて、ちょっと笑いました。そうでなくても、茂木さんが『SNS天皇論』でとりあげているように、天皇ネタというのはネット上では多いですね。まあ本当にくだらないんだけど、親しまれているといえば親しまれている。

じゃあ左翼の場合には、その天皇の場所にマルクスが入るかといえば、入らないわけです。だけど共産党あたりは、文化戦略としてそういうことをやりたいんじゃないでしょうか。以前『しんぶん赤旗』が、小林多喜二がキャラクターとして登場する『文豪とアルケミスト』というゲームをとりあげたところ、一部で炎上していましたが。

仲正　日本人という文化的なまとまりを何とか表象できるのは、右の方だけです。その何となく右によった文化的イメージを壊すのは、日本では難しいと思います。少なくともあと何世紀かは。そこがヨーロッパやアメリカとは違うところです。欧米の場合は共通する神話がある。国や地域的なアイデンティティとは別に、いろんな神話的な要素を共有できているわけでしょ。北欧神話なら北欧圏の国々＋ゲルマン系の国々で共有できているし、騎士物語までふくめるとフランスやスペインまで入ってしまう。

塩野谷　しかし、日本のポップカルチャーに登場する神話的モチーフは、もとをたどれば海外由来のものが多いですよね。キリスト教もあるけど、ケルト神話とか。もちろん、アニメに登場する巫女さんとか神道からモチーフをとっているものも、あるにはありますが。

仲正　そうね、外国産のものを日本風にアレンジしている。それにうまく乗っかりやすくする。天皇制神話と言っているけど、皇室にまつわる神話自体がいろんな要素を含んでいるし、古事記・日本書紀は善悪を規定するような歴史観ではない。あれをまともに読んだら、天皇なんてろくなもんじゃないとなる。とても人間臭くて、征服欲で行動しているわけですから。日本の伝統的な英雄というのは、信長もそうですが善悪に関係ないところがある。司馬遼太郎の、いわゆる司馬史観でも、何らかの規範が顕われるのは明治以降で、戦国時代はいまのアニメと同じ物語系、のし上がり系でしょう。司馬史観に人が惹きつけられるのは、戦国大名たちが無秩序の中で戦っていて、その勝敗の帰結として、後から規範が形成されるようなダイナミズムがあるからでしょう。

塩野谷　善悪に関係ないというか、勝てば官軍、あるいは判官贔屓ですね。ようするに、どちらに感情移入できるかで決まる。司馬史観では、規範の起源が物語として語られているということになりますから、それ自体が神話に近い。神話の定義のひとつは、起源について語っているということですから。

仲正　最初から、善の化身の神が居て、物語の中でこういう神の意志が示されたから、やはりこれが正義だ、というのなら面白くならない。日本のアニメは外国の素材を持ってきても、神話的な戦いをやっている内に事後的に秩序ができてきて、闘いに生き残った者たちは、他に選択肢がないので、それを守っていこうというところに落ち着く。いま人気のあるアニメだと『進撃の巨人』なんか、そういう感じでしょ。

あの物語は残虐だし一方的だし、何でこっちがやられるのかよくわからないんだけど、どっかに落ち着かせようとしているのだけはわかる。だんだん規範性も見えてくる。ただし、それが途中でまた怪しくなる。『転生したらスライムだった件』では、もともと穏健な平和主義者だった主人公が、仲間が一〇〇人殺されて怒り狂っていたところで、一万人以上殺して生け贄にしたら、その一〇〇人を生き返らせる魔力を身に付けられるかもしれないという情報を得て、敵を二万人瞬殺してしまう。収支がへんなんだけど、魔物の世界を安定させるためにはそういう規範が必要になる。物語としては最初に規範があって、抑圧された者たちが解放されるよりも、物語の進行過程で規範が獲得されていくというほうが、面白いんじゃないか。

塩野谷　ゼロから何かを創りだしていくんだ、と。そして今ある規範は、自分たちで作り出したものなんだというふうになる。

仲正　そうそう。

塩野谷　規範的なものを提示する神話であれば、結局は保守的なものに回収されていってしまう。だけども、物語が無秩序なままで、カオスのままで終わるというのも、そこから何も生まれないわけではなくて、新しいものの創出につながったりもする。バットマンシリーズもそうなってきた。

仲正　バットマンシリーズだと、ジョーカーは悪でしょ。バットマンも暗い。だから、両方とも消滅して終わる。ダークヒーローが悪役とぶつかって両方消滅する。神話にもそういう構図は多いと思うんです。

塩野谷　既存の秩序が時代遅れになったり、耐用年数がすぎて崩壊していくときには、その秩序を破壊する存在が登場することがあります。キャラクター類型でいうトリックスターですね。北欧神話ならロキ、キリスト教神話や日本神話にもルシファーやスサノヲがいます。しかし、トリックスターにしても秩序を紊乱し破壊するけれども、それによって新たな秩序が生み出されることになるわけで、システムそのものが自らを更新し維持しつづけるためにトリックスターの存在を要請しているのだとも言える。その意味では、トリックスターにしても秩序形成の力学に抵抗できるわけではないんですね。

仲正　北欧神話型だね。破壊が起こって秩序が回復する。そういう物語だと、自分をいろんなところに位置づけやすい。破壊で死んでいくヒーローでもいいし、悪役は悪役でカッコいい。

大したことしなかったけど、生き残って新しい秩序の建設者になるのもいい。いろんな役割に感情移入できる。善と悪が入り混じった状態が、アルマゲドンに突入し、一回リセットされる。むかしのデビルマン[※40]がそういう感じだった。

　自分の考えている正義感どおりには、世の中動いていかないわけだから、物語に広がりがあったら嬉しい。自分が感情移入した側が、必ずしも正義ではない。初めから正義の勧善懲悪主義だと、規範の制約を受けるので行き詰まってしまう。物語が成り立たなくなっている。左翼運動も規範に縛られるから、いつの間にか宗教のようになってしまう。それならいっそ宗教に行こうか、それとも宗教的なものを批判する立場になるか。

　いまネット上で、信仰を持たない二世信者がＳＮＳを賑わせていますが、信仰は持たないが対立と争いがあるようなので、自分も発言したいというのかな。対立項があるから、とりあえず自分も参加してみる。どっちが勝つかはわからないが、自分をそこに位置づけてみようとする。

塩野谷　関わり合いになってみたいっていうのは、まぁわかりますね（笑）。

仲正　何だか自分も関係している立場なので、対立に巻きこまれてみたい。私も元関係者として、巻きこまれて言説を発信している立場なんですが。かれらは二項対立のどちらかに立つのではなく、どっちが勝ってもいいような立場を取るんです。どっちかに立つと、勝つか負けるかできつくなるからでしょう。

塩野谷　私は大体トラブルが起きるときには中心にいさせられていることが多いので（笑）、どっちが勝ってもいいような立場に立つというのは、あまりよくわからないんだけど、どちらが勝つかわからない、という状況というのはおもしろい。そのうちにまた、どこかの媒体にまとまった文章が出ることになると思いますが、少し前に、名古屋のあるシンポジウムに呼ばれました。それは名古屋を中心に長期にわたって起きていた、とある一連のトラブルについて総括しようと、その関係者が主催したシンポジウムでした。メディア報道を通じて何か起きていたらしいというのは事件当時から知っていたのだけど、個人的にはまったく関わり合いになっていなかった件で、ただ主催の人たちに、外部の第三者的視点から普遍的な方向に開いて塩野谷に論じてほしいという依頼があって、登壇することになったんですね。

まあ、いま思い出してもまったく謎めいたシンポジウムでしたが、私が当時手にすることができた範囲内の資料を使って、登壇者の中では唯一の非当事者として発言しました。いわば、全然知らないよそのトラブルに巻き込まれたわけです（笑）。シンポ当日に他の登壇者の発言

※40　デビルマン　永井豪のホラーアクション漫画・アニメ。デーモンと戦うために、主人公がデビルマン（悪魔と人間の合体）となる。

によって初めて知った情報もかなりあったし、なんだかよくわからないけど兎の穴に飛び込んでしまったみたいなミステリー的な面白さは、たしかにありました。当事者の人たちには大変気の毒な話だとも思うし、ちょっぴり申し訳ない気もするんですが。とにかく、トラブルというのは中心にいる人はきついけど、少しまわりにいる人は楽しいし結束も強まったりする、そういうものなんですね（笑）。

仲正　そうそう。そうなんだ。それでね、左翼だと「お前は敵か味方か？」ということになるから、敵ばかりつくるんですね。敵だらけになって、きつくなる。

塩野谷　だいたい形勢が悪くなって負け始めると、疑心暗鬼が深まってそうなる。

仲正　それをやるとね、組織も運動も広がらなくなるわけです。争いごとに集まるのは、勝ち馬に乗りたいひとばかりじゃなくて、何かに関わって行動してみたい、そういう人間も相当数いるはずですが、うるさい連中ではなく、そっちに目を向けるべきだけど、それが難しい。

塩野谷　まあ、そういうトラブルに首を突っ込みたいだけで味方にはなってくれない人って、争いの中心にいる立場からするとやきもきするところもあるんですが、だいたい勝利するのはそういう野次馬も面白おかしく巻き込んでいくだけの余裕がある側なんですよね。ＳＮＳなかでの炎上でも、観客としてはとにかく騒ぎを大きくしたいというのがあるでしょう。どんどん燃料が投下されて騒ぎが大きくなると、当事者はとにかくつらいけど、観客としては全体としての一体感もあるし楽しい。なんというかエンターテインメントみたいになる。

仲正　お祭りですからね。そうすると、お祭りをどう捉えるかなんです。お祭りには参加したいが、こっちには被害も何もない立場で参加するのが前提。

塩野谷　サッカーのファンも、なかなか攻撃的なバッシングをやったりします。インドネシアでは試合後の暴動で、百人以上死者が出たりということもありましたね。欧州サッカーなど特にそうですが、サポーターのナショナリズムや排外主義的傾向は試合時間の九〇分間に限定されたフィクションであって、しかしそれを理解していない人たちも一定数いて、という事情もあるらしいですね。

仲正　スポーツの場合は、自分が当事者でないことがハッキリしているからね。争いの場合は、自分も何らかのかたちで当事者になる。スポーツは得点で勝敗に決着がつくけれど、ネット上の争いや騒動は勝敗がつかない場合がほとんどです。決着がつかなくても、そこに何らかの爪痕を残しておきたい。学者が論争に参加するのも、じつは同じなんですよ。大きな学説を掲げる研究者は、自分の仮説をもとに研究者生命を賭けて論争しているわけで、そういう人には、学界を巻きこむ迫力・権威があるけど、そのレベルに達してない人がほとんどです。中には、ネットでもいいから論争に参加することで、業績というか、自分の存在証明にしたいという、質の悪い人もいる。

塩野谷　イベントとして、炎上に便乗したいという人は大勢いるでしょう。最近は大きな論争ってあまり見かけないですけど、渦中にいる人は大変ですよね。大学でも常勤職に就いている人ならまだしも、そうでない人なら将来の就職にも影響するでしょうから。

仲正　渦中にいると大変です。二つの派にわかれると、その片方に肩入れするのは楽しいんじゃないかな。

塩野谷　むかしは法学の論争なんかで、たとえば訴訟法では大陸法と英米法とか、刑法では応報主義と教育主義とかありますが、現在も立場によって解釈が違うというものが多いですね。

仲正　論争で決着をつけるというより、最初から立場で解釈が違うわけですね。でも、あれだけ権威主義だった法学者の世界も大分崩れてきて、だんだん大きい声を出したものが勝ちになり、結構いい大学の法学教授でも下品なツイッター論争を延々とやっている人もいる。ロー・スクール騒動とか、国立大学での文系全体の軽視とかあって、昔ほど威張れなくなって、ストレスがたまっているんでしょう。ツイッターとかブログで暴れていると、ちゃんとした学問の論争のやり方が分からなくなって、ツイッター・レベルでの喧嘩に近づいていく。有名大学の教授や学説に権威がなければ、決着をつけるような論争にもならない。基準がないからです。言いっ放しで、どう議論を収拾したらいいか分からなくなる。

塩野谷　論争が成立しないこと自体は、仕方のないこともあるでしょう。先ほど言われたように、そもそも立っている立場がちがうこともある。だけど、立場がちがうせいで議論が噛み合っていないのだということさえ、理解されていない場合もあって、これは問題だと思う。特にインターネットでは、エコーチェンバー[※41]と言いますが、それぞれの陣営で正しいと思う議論で蛸壷化してしまうんですね。自分たちにしか通じない言葉を使って、その内部でのみ〝論争〟をしている。そして、その蛸壺の外部に対しては、ほとんどレッテル貼りでしかない罵倒を繰り返している。こういう噛み合っていない議論の交通整理をすることも『情況』のような論壇誌の役割だと思っています。対立する複数の見解を載せたりすると「両論併記だ！」とステレオタイプな批判を喰らったりしますが、編集部に定見があることは前提で、しかもそれははっきり表明しているのだし、双方の議論は噛み合っていないのだから、その意味ではそもそも〝両論併記〟というのもおかしい。いわゆる〝同席罪〟だとかやかましいことだし、あるいは「人間関係を断て！」というようなことを平気で言う人もいて驚愕しましたが、議論を封殺してしまえばそれで問題は解決すると思っているとしたら、大きな間違いでしょう。言論というもの

※41　エコーチェンバー　掲示板やＳＮＳなどで、価値観の似た者同士で交流・共感し合うことにより、特定の意見や思想が増幅する現象。

を舐めているると言わざるをえない。

仲正　学者というのは、もともと学説の教条で縛るところがあるから、左翼的になりやすいんです。

塩野谷　研究者の傾向として、二つあると思います。影響力を持ちたがる人と、やたら難しいことを言いたがる人。この二つを同時に達成しようと思えば、結果的に狭いグループの中で議論していくことになる。

仲正　憲法問題とかだと、大きな大学の憲法学者にマスコミが見解を訊きに来てくれるわけで、一般の人たちにも高説を説くことができる。それが今は成り立ちにくくなってるんじゃないか。東大の憲法学者だからって、メディアが訊きたがるというのはなくなっている。

塩野谷　政権交代のような大きな議会政治の動きがなければ、ワイドショーもそういう特集はやりませんからね。視聴者に受ける喋り方ができる人が、コメントを求められる。ウクライナ戦争を解説している東大先端研の小泉悠さんも、もともとツイッターに入り浸っている人で、インターネット文法に習熟しているところがある。

仲正　東大の憲法学では、たまに石川健治が出てくるけど、べつに彼は東大の憲法学を代表しているわけではなくて、ちょっと変わったことを云うから発言を求められてるんです。民法になったら、東大の民法学者を呼んでくることもない。学説よりも、わかりやすく解説できる人が必要なんですから。ましてや哲学や倫理学ではニーズがない。

■宗教と科学は、そもそも対立しない

仲正　東大の宗教学だと、いまは誰がやってるの？

塩野谷　活動的なのは藤原聖子さんですね。日本の世間一般ではあまり目立たないですけど、理論研究の業績があって国際的には知られています。国際学会の事務局長もやっています。

仲正　国際学会の事務局長でも、一般にはあまり知られないですね。

塩野谷　宗教民俗学をやっている西村明さんとか、古代中国宗教の池澤優さんとか、何人かいますね。まあ皆さん、私にとっては先生なんですが。

仲正　何か呼ばれてくるのが活動家的な研究者ばかりで、弁護士さんも活動家みたいな人ばかりなので。弁護士会の会長とか、出てこないかなと思うんですけどね。

塩野谷　出て来ないでしょう。職歴が汚れるというか……。

仲正　統一教会の養子問題でも、棚村政行さん（家族法・早稲田大学）を呼んできてるけど、東大の民法学者をなぜ呼ばないのかなと思う。やっぱり塚田みたいに活動をやっていないと、一般の人は知らないんだろうと思う。

塩野谷　ジャーナリズムでの喋り方を知らないから出たくない、というのはあるんじゃないで

すか。出演する個人に発信力がないと、いわゆる「メディアの切り取り」に対抗できない。

仲正　いや、それはジャーナリズムの側に、相手から訊き出す能力がなければいけないんでしょうけど、とにかく喋ってくれそうな人に電話をしてる。じゃあ、その人が学界の中でどういうポジションにいるかは考えないで、都合の良い話だけ採ってくる。これはコロナの問題でも同じでしたけどね。いい意味での学界の政治力というか、誰を連れてくるべきかというのがあってもいいと思う。

　宗教学としての潜入調査も、政治的な配慮などしないで、自分が主張したいテーゼの論証に必要だと思えば、やればいいんです。オウムに入ったって、全員がテロ行為をさせられたわけじゃないんですから。やらされそうになった段階で、やめればいいわけなんで。

塩野谷　でも、オウムの場合は拒否した段階でポアされる可能性があったわけです。

仲正　そうか、拒否して殺されるか（笑）。その前の段階で逃げればいい。犯罪計画を知ってからだと殺されるから、その前に……。でも、職務上ヤバいことをやってるのは、警察だけじゃない。研究の対象の性質上、多少ヤバいことをしないと成り立たないものはいくらでもあるでしょう。松本サリン事件の段階では、オウムが犯罪組織だとはわからなかったわけだし、彼らだって、研究者が中に入っていると公表されていたら、下手なことできないでしょ。期間をはっきり区切って、内部調査をすることはできなかったのかな。

塩野谷　期間を決めていても、途中で気が変わるかもしれないから怖いんじゃないですか。それこそ信教の自由で。宗教学科でフィールドワークしようとしても、自分の子供をカルトに入れるために大学に行かせたわけじゃないと、親がクレームをつけてきますよ。

仲正　ああ、そっちのほうの心配ですか。なるほどね。そういう意味では、私なんかも親御さんに心配されてるかもしれないな。仲正のゼミになんか入ると、統一教会とつながってるかもしれないから、気をつけろとか。

塩野谷　子どもというのは、親の思うようには成長しない。必ず親の想像を越えていくところがあるし、逸脱したりもする。大学院や『情況』編集部なんかに入れるために、東京に行かせたわけじゃないとクレームが入るかもしれない（笑）。

仲正　つながりがあるといえば、左翼やっていた学者も、つながりがあるんじゃないかと。実際につながってる人はたくさんいますからね（笑）。創価学会率だって高いでしょ。ひとつのゼミで、半数が創価学会員だってこともありうるでしょう。わたしのゼミでたまたま参加者三人のうち、二人の家が学会だったということがありました。

塩野谷　私の元指導教員も学会員で、退職後に創価学会で講演をやって、一部の宗教学の人たちから叩かれていました。例によって、宗教学者が宗教団体に利用されるのはけしからんというやつですね。だけど彼の場合は、自身が信者として宗教実践をしているのであって、教団にうっかり利用されたわけではないのだから、その批判は当たらないんじゃないかと思いましたよ。まあ、その先生は統一教会の雑誌にもうっかり書いていたので、あまり選ばずに行っちゃうのかなというのもあるんですけど。

仲正　その人はガードが緩いのかもしれないけど、創価学会員なら大学の教員の中にそれなりの比率でいると思う。

塩野谷　創価大学もありますからね。

仲正　あそこは有能な人を採っていて、学会員じゃない人も多いんじゃないかな。学生の就職率もいいそうだし。学会員だけじゃなくて、生長の家とかの大学教員もそれなりの数でいるしね。

そこで問題なのは、大学が統一教会員であることを隠している教員は認めない、と言っていいのかです。信者であることを隠すべきではないと思うけど、学問の自由を掲げる大学が、特定の宗教をカルトと断じて、その信者の雇用を拒否するという立場を大っぴらにとっていいのか。統一教会の信者として活動して、大学や同僚、学生に具体的な損害を与えたというのであれば、話は別ですよ。今言っているのは、単なる「統一教会信者であるという事実」が、採用拒否・解雇の理由になるのか、ということです。大学でよく、カルトによる勧誘は認めません、という張り紙を見ますが、「カルト」とは何かちゃんと定義できているのか。そもそもカルトを定義できるのかという問題があるんです。フランスの反セクト法だって、カルトの定義は非常に緩い。反セクト法自体には、特定の団体を指定する内容はないんです。カルトを指定・監視する部署があって、最初は八十四団体ほど上げていたらしいんですが、それを議会に報告したところ紛糾した。

塩野谷　カルトを規定する法理論はないでしょう。それがないから、社会一般の常識的な規範に照らして判断するしかなくなる。法曹による批判ならそれでいいかもしれないが、宗教学者がそれに乗っかるのはどうでしょうね。常識的な社会規範に同一化すると、社会そのものに対する批判的な視線はなくなる。献金がもたらす経済的な破綻を言うなら、オンラインゲームに膨大な金額を費やす人もいるわけで、いろんなことが社会問題化されてしまう。オンラインゲームのガチャや何かに八桁（数千万円単位）とか費やしている人がいますからね。

仲正　ゲームに何時間も費やすからダメだとなれば、スポーツや音楽以外に時間を費やしてはいかんのか、となる。

塩野谷　ゲームをしない人たちは、何と愚かなと思うかもしれないけど。やっている人からすれば切実な問題です。本人がそれで満足しているならいいと思うし、うっかりプロゲーマーになったりしてそれが仕事になる人だっています。経済的に破綻しているなら問題があるけど（笑）。

仲正　マインドコントロールについて国会で議論しているのを聞いていたときに思ったのは、ふたつの論点があると思いました。特定商取引法に抵触する、断りがたい状況をつくって献金させたり買わせたりと、特定して云っているケース。もうひとつは、統一教会の信仰を持っていること自体にマインドコントロールがある。特定の教義がマインドコントロールと不可分だということです。

塩野谷　論理的には、後者は成り立たないですね。

仲正　そう、ダメなんですよ。国会論議がそのレベルです。ネットでやり合ってる人たちも、マインドコントロールとは何かがわかってない。弁護士でも両者を混同している人がいる。教義を信じたらマインドコントロールだと。

塩野谷　カルトを取り締まろうとしたら、それしかないということでしょう。マインドコントロールというのは、マーケティングの延長上にあるものです。これは広告産業の黎明期からずっとそうです。アメリカで「広報の父」として知られるエドワード・バーネイスはフロイトの甥で、まさしく彼の精神分析理論に依拠して活動していたという説があります。広告というのは多かれ少なかれそういうものなんです。国家が悪徳商法とそうでないものを峻別しようとするのは結構なことですが、宗教実践としてやられているものを取り締まるときには無理が生じる。宗教というものはそこに還元できるものではないから、規制しきれないということが起きる。そこで「カルト」だとか「マインドコントロール」だとかいう概念を持ってくることになる。

仲正　本当に難しいんです。マインドコントロールとして規制するのは。仕方なくそういうやり方をするんだと自覚がなければ、これを信じたらマインドコントロールだと決めつける、恣意的なものになりかねない。すでに、そうなりつつある。ミルの他者危害原理が、こういう時こそ必要とされるんです。

少々おかしなことを信じていても、具体的な迷惑をかけなければ放っておけばいいのに、それでは足らない、ああいうのを信じる輩は何をするか分からない、信じていること自体が有害だという言説が強くなっている。それを言うたら、キリスト教でも無茶苦茶な教理を信奉しているわけで、カトリックの処女降誕なんて無茶な話でしょ。キリストの復活なんて、自然科学に反したことが教義の出発点になっている。

塩野谷　そういう不思議なことを公然と言う人とは、同じ共同体の中で対話ができないのではないかと思うからでしょう。共感できないから寛容にもなれない。

仲正　ロールズ[※42]が公共的理性として語っていることですが、教団内の規範に関して奇跡とか理解しがたいことが前提になっていても構わない。しかし、民主主義的・法的に物事を決める場

※42　ジョン・ロールズ　二〇世紀アメリカの哲学者。リベラリズムや社会契約について問い直し、政治哲学の分野で大きな影響力をもった。主著に『正義論』。

面では、そうはいかない。内部の言説で奇跡や予言で正当化しているものを、教団の外の人に語るときは、共有できる公共的な言語に変換しなければならない。終末が来ると信じていてもいいんです。終末が来るから、刑法のこの規定は無効だとかを外に向けて公言し、それを政治的に実現しようとしなければいいんです。

ロールズは長年にわたって民主主義社会が機能してきた社会では、様々な世界観を持った集団、宗教だけでなくて、アナーキストとかマルクス主義者とかも含める意味で、包括的教説を持った集団と言いますが、それらがお互いの間で憲法に明記されているような基本的コンセンサスを作り上げ、そのコンセンサスに沿う言葉で議論するための公的言語としての公共的理性を発達させ、それに合わせて、内部向けの教義もある程度穏健化させると考えます。内と外にある程度ギャップがあっても仕方ない。外向けに、公共的であればいい。それだけの話です。終末論だとかの教義のせいで本音では法律なんか守ってもしかたないと思っていたとしても、それによって現行の法制度を無視したりしなければ、それでいいと。

旧統一教会やオウムの人たちが、自分たちの現在の教義と法律を照合して、この教義を文字通りに実行するようなら、法律違反どころか憲法と相容れないことを自覚し、そうなったら自滅なので、何とか回避すべく、教義と現実の間で調整しようとするのであれば、対話と相互検証を積み重ね、共存可能になるはずです。

欧米の民主化された諸国では、ロールズの言う公共的理性がそれなりに機能していると思うんです。公共的な言語による民主的な討議、自由権的基本権の優先、リベラルな平等、法の支配、多元主義などが大前提の立憲主義が成立しており、大抵の包括的教説の集団はその枠内に収まっているようです。

宗教を信じるのは頭の悪い奴だと、何の考えもなしに言う人がいるけれど、キリスト教等のかなり奇妙な教義を信じている人が、自然科学の領域でノーベル賞を受賞するような、すごい業績を上げることもあるわけです。その一方で、宗教をバカにする輩が、どんな職業をやってもうまく行かない。そんなことといくらでもあるわけです。そこが解らない日本人が多いんです。

塩野谷　近代自然科学の世界観とキリスト教的な世界観を単純に対立するものとしてだけ見なすのは、科学史の知見に反しています。それに関連して、古生物学の研究史におもしろい話があります。近代学問としての古生物学の出発点は、一五六五年に出版されたコンラート・ゲスナーの『化石について』であると言われますが、ゲスナーをはじめ当時の人文主義の学者たちは、聖書資料の本文批評にも関心を抱いていました。というより、聖書テクストに対する本文批評と同様の手続きが、自然に対しても向けられるべきだ、という自然神学的なモチベーションが研究の背景にあったわけです。

また、一六世紀における化石研究のフレームワークの背景には、古代エジプトの伝説的な神官ヘルメス・トリスメギストスのものとされる文書に由来する、新プラトン主義の考え方がありました。当時、化石は現在考えられているように生物に由来するものではなく、「地中に本来備わっているある種の形成力」によるものだと考えられていたんです。化石が生物起源とされなかった理由のひとつは、その生物が本来生息していない場所からその骨や化石が見つかった場合に、それをうまく説明することができなかったからです。もっとも、山頂から魚の骨が出土した場合など、それをノアの洪水伝説と結びつけるような説明なら、初期教父の時代からありました。つまり、聖書に描かれているはるか昔の大洪水のときに、山頂まで海に浸かったせいで、そこに魚の死骸が打ち上げられたのだ、と。

しかし、問題が起きるのは見たこともないような古代生物の化石が発見されたときでした。「絶滅」という発想は、従来のキリスト教的な理解の枠組みでは受け入れがたい概念だった。もし過去に種の絶滅が起こっていたとすれば、それは原初における神の創造の摂理が完璧なものではなかったということを意味してしまうからです。しかし一七世紀に入ると、フックの法則で知られる英国王立協会のロバート・フック[※43]が、化石の生物起源説の検討に取り組んでいます。フックの研究自体は顕微鏡観察という実験的方法によって行われましたが、それを支えていたのは哲学的な充足理由の原理でした。フックは、あるひとつの生物種が絶滅するあいだに別の新しい生物種が誕生していたとすれば、そこでは創造の完全性は保たれていると考えたので、種の絶滅という考えを受け入れる準備ができていました。彼の議論は同時代的に大多数の納得を得られるものではなかったため、それ以上発展させられることはありませんでしたが、この古生物学の一頁が語っているのは次のようなことです。

つまり、当時の科学的議論のなかで自然神学は決して拒絶されたわけではなく、むしろそれを土台にすることで発展していったのだということ。かつては、西欧においてさえキリスト教的な思考の枠組みが自然科学の発展を妨げていたと語られることもありましたが、そうではなくて逆に、自然神学やアリストテレス主義や新プラトン主義といった枠組みの存在こそが、自然科学の発展を支え、貢献した。現在の科学史では、これが主流の考え方でしょう。

仲正　進化論でいえば、種の変遷は分子生物学の領域で起こることであり、神が精神の領域で私たちに働きかけると信じることは矛盾しないと思います。仮に進化に神の導きがあると信じていたとしても、進化や絶滅というのは、それ自体は実験室で確認できないので、実験で確認できる場面では、神抜きですませることもできるわけです。処女降誕はマリア限定であり、マ

※43　ロバート・フック　一七世紀のイギリスの自然哲学者、建築家、博物学者。実験と理論の両面を通じて、科学革命で重要な役割を果たした。

ニアだけが本気で信じればいいということにすれば、何の問題もない（笑）。奇跡なんですから、現実と混同しなければいいわけです。

塩野谷　近代自然科学的な思考は再現性を問題にするわけですから、一度きりの奇跡なら問題にする必要はないということですね。それに、奇跡だって起こるかもしれませんよ。メイヤスー[※44]のように、現在確認されている自然法則がこの先も不変でありつづけるにちがいないと言えるような根拠は何もない、という議論もあります。

仲正　そういうことです。われわれが現在生きている中では、もはや起きない。科学的な事実と異なる次元の話だからこそ、奇跡である。科学の管轄外。ぎゃくに言えば、起きないはずのことが起きるのが奇跡信仰なんです。しょっちゅう起きると思っているのでなければ、科学的思考と両立できるはずなんです。奇跡は定義からして法則ではなくて、逸脱なのですから。

■文化的な特異性と倫理規範のギャップ

仲正　左翼の人はとにかく、自分と違う思考体系を持った人との付き合い方を知らない。自分の思想の枠内に入って来ないと受け入れられない。

塩野谷　非和解ということですか（笑）。

仲正　文化人類学な背景を持っているグレーバーなんかは、コミュニズムとはそういうものではないだろうということを示唆していました。目的や価値観が一致しているから、一緒にやるんじゃなくて、その場に一緒にいるから、協力しようという気になる。

塩野谷　プリミティブとされる集団のなかで行われていることは、私たちの倫理を侵すかもしれないし、それをわれらが「市民社会」のなかでやられると法を犯す可能性もあるわけです。社会の外部でやってくれている分にはかまわない。だけど内部でやられると、倫理を侵すのはともかく法を犯すのは許せない、となるわけですね。

仲正　法を侵すのは許せないはいいんですが、法を侵しそうになる思想と教養を持っているのが許せないとなると、問題が起きます。括弧付きの「文化人類学」のように、遠くの世界にいて、こっちから会いに行って、仲良く交わっても、後で元の地点に戻って来られるような相手にはそれなりにフレンドリーなふりをするけど、相手が自分の間近に居続けたら許せなくなるわけです。遠くにいる人が悲惨な状態だと優しく寄り添う。その遠くにいる人がわれわれの規範を

※**44**　メイヤスー　クァンタン・メイヤスー。思弁的実在論運動の一翼を担うフランスの哲学者。邦訳された著作に『有限性の後で』がある。

超えていても、優しくできる。そのいっぽうで、それを自分の隣でやられると、とんでもない、とヒステリックに騒ぎ出す。根本的なところで、西欧的な規範に捕らわれているわけです。

キルギスでは略奪婚というのがあって、近代になってからのものらしいんですが、略奪から何十年も経って、すでに孫までいるような人もいる。そういう人たちをどう見るのか。おそらく現地に行ったら、既成の略奪婚を、本人たちの目の前で批判することは出来ないでしょう。日本から見ていると批判が出来るのであって、実際にその人たちが穏和に暮らしているのを見たら、何も言えないと思うんです。自分たちの身近で起きたとすれば、法律を守るという立場からとんでもないと判断せざるを得ないことが、世界にはたくさんあると思うんですよ。キルギスで花嫁を略奪しているからといって、キルギスに経済制裁をするべきだとは、誰も言わないでしょう。他人事だから、何とでも言える。仲正は略奪婚を擁護していると勘違いして、私の時代遅れ・男性中心主義を批判していた自称フェミニストがいましたが、そんなにひどい話だと思うなら、どうしてお前はキルギスに行って、あんたたち別れなさい、正常ではない、と情宣して回らないのか。そんなことする度胸ないと思いますよ。他人事について好き勝手言っている、自称フェミニストにすぎない。

自分の近くにそういう人たちがいたら、自分たちも何らかの影響を受けるかもしれないから、批判せざるを得ないのかもしれない。このグローバル化された社会では、厳格に規範を守らなければならないことと、放っておいてもいいと考えられるものが、明確に線引きできるのか、という問題になってくる。実際には、適当に場当たり的に使い分けているんでしょうけど。

塩野谷　文化的な特殊性と左翼的な普遍性を使い分ける上で、その使い分けの基準が難しい、ということですね。

仲正　難しいですね。昔なら中国は何をやってもいい、という態度が目立った。発展途上なんだし、たくさんの人口を養っていかないといけないので、あまり西側の基準で責めてはいけない、という感じの態度を取るリベラル左派が多かった。今でもアメリカのリベラルと比べて、日本の〝リベラル〟は、中国の人権問題に甘い感じが目立ちますが。ところが、いまや中国も世界第二の経済大国で、それにふさわしい民主主義と人権がないのはおかしい、となってきた。そうなると、身近な中国とどう付き合うか。中国からやって来る留学生や一般のビジネスマンを政府のエージェントのように扱って攻撃する在特会的な態度は論外としても、中国の人権問題を深刻な問題だと考え、中国政府を公に批判すれば、どうしても中国の人と接する時、ぎごちない感じになるでしょう。他者が持っている倫理観にどう付き合うべきか、そして、遠くにいる人たちと身近にいる人たちに対する規範の使い分けをどう考えるのか。

旧統一教会問題の延長で考えると、あの教団が日本人のあまり知らないアフリカの国を基盤にして活動していたら、教団を徹底的に追い詰め、その教義を容認した国家を経済制裁の対象にするのか。たぶん、そこまでは関知しない、日本国内で違法な活動さえしなければいい、と言うでしょう。日本で信者を増やすのはダメだが、彼らの母国でやるなら、彼らの勝手だ、と言うでしょう。統一教会の場合、韓国発であることや、自民党等の保守的な思想と一定の親和性があることに、やたらと拘る人たちがいます。そのせいで、違法行為を止めさせるという以上のことを求めています。そういうことをちゃんと考えようと促すのが知識人や左翼の役割のはずだし、宗教学者が考えるべきことなんです。

たとえば女子割礼[※45]をやっている国に、経済制裁をしようとはならない。そういう国に住んでいる男性の入国を禁止しようとするということにもならない。もっと現実にありそうなことを言うとね、ムスリムの人に、あなたは自分の子供にイスラム教から離脱する自由を与えているのか、と問いただすことになる。誰もそういうことは言わないでしょう。それは言っちゃいけないことだと思ってるでしょ。言ったら人権侵害だと思ってるわけです。

旧統一教会の二世問題と同じ基準を適用しようとすると、そういう話になるんです。日本にいるイスラム教徒の多くはインドネシア人だと思うんですけど、彼らに対して、それは言えない。では、日本人のイスラム教徒に対してはどうか?

塩野谷　ムスリムの在日二世で、ムスリムをやめたいという動きが、出てくる可能性はありますね。これから先。以前に蘭州ラーメンのお店をやっていて今はYouTuberになっている知人で、最近は会っていないんですが、彼なんかは二世だったけどムスリムをやめたと言っていました。周囲には秘密にしているということでしたが。

仲正　あり得ますね。少しずつ増えていますから。

塩野谷　日本人でも逆に、イスラム学をやっている学生など自主的に改宗する人は出てきていますし、在日二世のムスリムやハーフの人も増えてくるでしょう。

仲正　イスラムの信仰心や伝統を守る態度を褒める人もいると思うけど、その多くは、自分に関係ないから褒められるのであって。イスラム教が日本社会の問題として立ち現れきたらどうなるのか。これまでは観光客向けにハラールの食材を用意するとかくらいだったけど、在日ムスリムの人たちの宗教的慣習が日本人全体の生活環境に入ってくる。左派の宗教学者の人たちは、そういう難しい問題を考える筋道をつけるのが仕事だと思うんです。人が触れたがらない、難しい問題を率先して取り組むべきなんです。統一教会のように、叩きやすいものを叩いて、仕

※45　女子割礼　生後一週間から初潮までの女性のクリトリスを含む女性器を切除する、アフリカを中心に行われている通過儀礼の風習。不衛生な環境や麻酔なしで行われることも多い危険な風習であり、死亡率も高い。性的快楽を奪う目的もあり、女性差別的であると批判を受けている。

事してます、というような態度は横着きわまりない。

塩野谷　立場性の問題がどうしても出てくるでしょう。ヨーロッパではすでに起きていますが、社会生活を送る上で、イスラームの習俗と西欧リベラル的なポリコレ[※46]規範が衝突する場面がどうしても出てくる。ジジェクは『絶望する勇気』などで、左派的な普遍性を優位に置くべきだと主張してきましたね。アフリカの女子割礼にしても、イスラームの女性に対する「抑圧」にしても、左翼的な倫理を優先するべきだと。しかしそれは、左派の中で必ずしも支配的な考えではないんです。

仲正　じゃあ、ジジェクにアフリカに行って、それを言ってみて欲しいと思うんです。たぶん言えないと思う。

※46 ポリティカル・コレクトネス　差別や偏見、ハラスメントにつながる表現を改めるよう求める社会規範の総称。一九九〇年代アメリカの文化戦争において大きな役割を果たした。日本では、一九七〇年七月七日の華青闘告発に運動史的起源をもつと指摘されている。

STAGE 4

国家と宗教の迷宮

■マルクスがやり残した国家と宗教の問題

仲正 これまでのマルクス研究では、宗教の問題が見落とされてきたと思います。「宗教は阿片である」[※47]のひと言で済まされてきた。初期のユダヤ人問題[※48]に関する議論があまり注目されないということに象徴されますが、ヘーゲル左派との論争、とくにフォイエルバッハやダーフィト・シュトラウス[※49]なんかとの関連を洗い直せば、宗教との関係を考えざるを得なくなる。左翼のお爺ちゃんたちは、そういうところに問題意識を持ってこなかったんでしょう。

初期マルクスについては、義人同盟[※50]の関係とかアナーキストとの関連ではいろんな議論と研究があるんですが、宗教との関連ではこれといった議論の蓄積がないんです。マルクスがラビ

※47 宗教は阿片である 『ヘーゲル法哲学批判』(マルクス)の冒頭に出てくるフレーズ。
※48 ユダヤ人問題 マルクスの論文「ユダヤ人問題に寄せて」(『独仏年誌』)
※49 ダーフィト・シュトラウス ドイツの神学者・哲学者。ヘーゲル左派)の代表的な人物として知られる。主著に『イエスの生涯』
※50 義人同盟 一八三〇年代にパリで結成されたドイツ人の結社。のちにマルクスも参加する共産主義者同盟と合同する。

の家系だったこと、改宗ユダヤ人は社会的にどういうステイタスにあったのかといった関心は抜け落ちています。日本のマルクス学は文献研究をあれほどやってきているのに、そこがほぼないに等しい。

デイヴィッド・グレーバーのマルクス研究、最近翻訳された『価値論』では、経済学で交換価値とか労働価値説とかいう時の「価値」と、文化人類学的で問題になる「価値」とどう関係するのかという問題意識から出発して、マルセル・モースの「贈与」論をもう一度掘り下げています。未開社会での贈与や分配などによる価値の創出という問題は、宗教と経済の根源的な関係、というテーマに関わってきます。

ごく普通に考えて、マルクスの経済学批判でテーマになっている価値が、いわゆる未開社会における、宗教と政治と経済が一体になったような営みと無関係のはずがなく、そこに経済学的な価値の原型がないとヘンです。しかし、従来のマルクス経済学者たちはそういう関心を持っていなかった。ひたすら、G-W-G'とW-G-W'という呪文を繰り返して自己満足してきた。

その辺の研究をマルクス自身がやってないかと言えば、そうでもないんです。モーガン[※51]の人類学を起点にして、唯物論的な考察を加えた、例の『家族・私有財産・国家の起源』は、エンゲルスが著者になっていますが、マルクスの遺稿が基になっています。なのに、唯物史観をやっているはずの研究者たちは、エンゲルスによる唯物史観の通俗化だとか言って無視する。文化的マイノリティの問題について唯物史観的に掘り下げて考えようとすれば、儀礼や宗教のことをちゃんと考えざるを得ないはずです。

レヴィ＝ストロースの指導を受け、ドゥルーズ＋ガタリとは相互に影響を与え合ったピエール・クラストル[※52]は、グレーバーとは違うタイプの、アナーキズム志向の文化人類学者ですが、南アメリカの原住民の研究を専門にしている人です。彼によると未開社会には、国家とは違う、権力メカニズムと首長制があるということです。部族の構成員たちが首長に忠誠を使って、奉仕するのではなくて、首長はみんな世話役のような存在で、みんなに奉仕する。みんなが不満を持っているときに、長々と演説して不満をなだめる。クラストル自身のフィールドワークの対象ではないけど、メラネシア[※53]やパプアニューギニアに、文化人類学者からビッグマンと呼ば

※51 モーガン　ルイス・ヘンリー・モーガン。一九世紀アメリカの文化人類学者。ネイティヴ・アメリカンについての民族学的研究で知られるが、ネイティヴ・アメリカンの社会を「野蛮」と位置づける彼の理論は人種差別的偏見を強化したと批判されている。

※52 ピエール・クラストル　二〇世紀フランスの人類学者。主著に『国家に抗する社会』。一九七七年に交通事故で急逝。

※53 メラネシア　赤道以南、東経一八〇度以西にある島々の総称。

れる首長がいるそうで、大抵、一夫多妻だそうです。それだけ聞くと、いい思いをしているように思えるけど、じつは奥さんたちと一緒に一生懸命はたらかねばならない立場だといいます。一生懸命はたらいて得た財を、部族のみんなに気前よく分け与えなければならない。したがって、ある意味、酷使されて搾取されているのは首長のほうだと。

北米のインディアンについても、われわれが映画でみている酋長が部族を勇ましく率いている光景は、本当は滅多にないことらしい。戦争が起きたときだけ、軍事的な才能がある人物がリーダーに任命される。平時はみんなのなだめ役みたいな役割をする、南米のような首長がいるだけ。戦争は止むを得ない自衛としてやるけれど、防衛という域を超えて、軍事組織を常設化し、他部族を征服して手柄をあげ、自分の権力基盤にしようとするような者は無視されるか、場合によっては自分の部族に殺される。そうやって、未開社会は国家が誕生するのを防いでいる、というんです。それが彼の『国家に抗する社会』での主な主張です。

最近、クラストルの『未開社会における戦争』の翻訳が出てるんですが、訳者解説で酒井隆史が、『国家に抗する社会』とパラレルな議論として、ミゲル・アバンスール[※54]という、クラストルと一緒に仕事をしていたフランスの政治哲学者の、『国家に抗するデモクラシー』という本を紹介しています。私たちは、民主主義は国家の統治方法の一つだと思っていることが多いですが、そうではなくて、このタイトルのように、未開社会が国家の登場に抵抗するメカニズムを持っているように、民主主義は国家と不可分のものではなく、むしろ国家に抵抗する性質を本来持っているというわけです。アバンスールはマキャベリとマルクスを軸にしてるんですが、マキャベリが「政治」という領域を発見した。そして初期マルクスは、近代における「政治」の領域における権力関係の変容、君主的・官僚的権力と市民的な権力のせめぎあいの中で、必ずしも「国家」という形に収斂することのない、民主主義的な権力が成立する可能性を発見していた、というんです。

初期マルクスは、ブルジョアジー主導で、新たな形の国家権力が自己を強化していく過程に注目し、当初は、その国家を真に理想的なものにするにはどうしたらいいかを探究するヘーゲル左派的な路線を取っていたけれど、民衆が特定の形態の国家によって規定されることなく、自らの社会的な在り方を創出し、それに従って政治を構築していく「真のデモクラシー」の可能性も視野に入れるようになった。例の、国家はブルジョア支配の道具だという、フランス三部作以降の、単純な経済中心の国家論ではなくて、国家と民主主義、権力の間の複雑な関係に

※54 ミゲル・アバンスール　フランスの政治哲学者。二〇一七年没。フランスにおけるフランクフルト学派の受容に対する大きな貢献で知られる。

ついて考えていた。その文脈では政治の宗教的な性格を本気で考えて、国家と宗教をめぐる問題が不可避的に浮上してくるわけです。

『ヘーゲル法哲学批判序説』も重要ですが、それとは別に、本当に未完に終わった『ヘーゲル国法学批判』がありますね。あれは、ヘーゲルの『法哲学要綱』の、権利の定義とか人倫の諸形態の部分ではなく、文字通り、国家機構を論じた部分についての考察なんですが、この未完に終わったテクストで、マルクスの官僚主義的な国家観、あたかも官僚たちが、家族や市民社会といった「国家」の外部にあるはずの社会的な関係性も官僚制によって管理できるかのような見方を批判し、国家を産み出している「民衆」の力に注目していたと、アバンスールはいうんです。そこから、国家によって規定されていない、「民衆」の力を解き放つ「真のデモクラシー」を、ある一定の期間、マルクスは志向していたというわけです。その「国家」を越えた、「民衆」の力の発現形態として「デモクラシー」を考える過程で、国家に対する批判と宗教への批判を重ね合わせたフォイエルバッハやモーゼス・ヘスと論争していたわけです。フォイエルバッハやヘスは、宗教的疎外によって失われたものを回復しようとしたけれど、マルクスは、それでは、「民衆」の力を解放することにならず、宗教に代わる何らかの倫理的な規範で「民衆」を再規定することになると見ていた。この辺の関係は複雑ですが、宗教をけなして、無視しておいたらいい、などという話でないのは分かります。

マルクス経済学者たちは初期マルクスを無視しますし、初期マルクスをかなり重視する廣松渉さんやアルチュセールのアプローチでも、『経済学・哲学草稿』と『ドイツ・イデオロギー』の間に線を引いて、一番初期のマルクスはヘーゲル左派的な観念論、主体／客体の二項対立に囚われていた幼いマルクスとして片づけることが多いですが、そもそも、ヘーゲル左派はどうして、次第に影響力をなくしていたキリスト教を重視するようになったのか、ヘーゲルは国家と宗教の関係を本当はどう考えていたのか、それらに対してマルクスはどういうスタンスを取り、フォイエルバッハたちの「宗教」批判をどう評価していたのか。マルクスがヘーゲル左派と訣別したという時、「宗教」に対してどういうスタンスを取るべきか、宗教をやめた、と言えばいいだけだとマルクスは思っていたのか、といった、政教分離とは何かをめぐって大騒ぎしている昨今の状況からすれば、かなり重要なはずの問題を、自称マルクス主義者たちはスルーしてきたのです。

最近個人的に、ユダヤ教からプロテスタントに改宗して、ドイツの保守主義的な法治国家論を完成したフリードリヒ・ユリウス・シュタールという法学者に関心を持っているのですが、シュタールはヘーゲルの『法哲学要綱』での代議制の不徹底を批判する一方で、キリスト教的な観点から国家や法の存在意義を再定義しようとしている。ヘーゲルの時代の法学が、キリスト教やゲルマン的な神話と深く結び付いていたことはよく知られています。マルクスも元は法学を勉強していました。

シュタールがベルリン大学の教授になった頃に、マルクスは法学から遠ざかり始めていますが、ヘーゲルの法哲学への批判は強めていくわけです。後期のマルクスは、経済学批判に集中し、国家の問題は後景化していき、宗教の問題はほとんど見当たらなくなったけど、マルクス主義の歴史で、国民国家をどう捉えるべきかという問題は絶えず浮上してきたし、ソ連・東欧の社会主義政権の崩壊と、宗教の問題は密接に絡んでいます。

『ユダヤ人問題に寄せて』は、ブルーノ・バウアー※55を批判してるんですが、バウアーが宗教から分離した世俗的国家においてのみ、政治的解放が可能になると云うのに対して、マルクスは世俗国家で宗教が何も役割を果たさないというのは誤りだと指摘しています。なぜなら、最も世俗化・民主化が進んでいるはずのアメリカでも教会が社会的に強い影響を及ぼしているじゃないかと。バウアーは、ユダヤ人は棄教してのみ政治的に解放されると言っているが、これは前提が間違っている。

ユダヤ人には棄教しろとバウアーは言ってるんだけど、キリスト教徒には強く言わない。バウアーはキリスト教徒はあまりもう信じていないからいいんだ、ユダヤ教徒は信仰にこだわるから問題だという、かなり一方的な態度を取ってるんです。それに対してマルクスは、世俗国家と宗教は必ずしも対立しないことを指摘します。世俗国家は宗教も含めて、「私的な問題」

は個人に任せるという態度を取ります。それによって、市民（ブルジョア）社会の内部での様々な対立、強者と弱者の支配関係を温存していることをマルクスは明らかにします。これは、現在でも極めてアクチュアルな問題です。たとえば中国経済を批判する時、経済活動の自由は、言論や表現の自由と一体になって私的領域を構成しているので、市場だけ自由にするというやり方はいつか限界に来ると言いますが、その中に当然、信教の自由も入っているわけです。

世俗国家は、ブルジョアの私的所有には干渉せず、間接的に保護するのとセットで、宗教を含む諸々の私的活動を放置しているのです。ユダヤ人たちが宗教的な背景から、つまり、土地の所有が認められない一方で、キリスト教徒には公式的には禁じられていた金貸しを容認されていたという背景から、金融を商売にし、キリスト教徒の市民から嫌われながら、ブルジョア社会の一角を担っている、という事態も、国家は放任するわけです。そこでマルクスは、私的所有を基礎とするブルジョア社会の在り方を変えない限り、ユダヤ人の解放がないのはもちろん、私たちは人間として解放されない、つまり私的所有を中心とする様々な社会的柵から抜け

※55 ブルーノ・バウアー　ヘーゲル左派の代表的な神学者・哲学者。マルクスもバウアーの影響下でヘーゲル哲学を学んだ。

られない、と主張します。ふつうのマルクス主義者は、それでマルクスは経済批判に関心を向け、宗教批判はそれで終しまい、と思い込んできた。

しかし、それは私的所有という観念を廃絶したら、宗教の問題も含めて全て片付く、ということなのかと言うと、ソ連の顛末を見れば、そう単純な話ではないことが分かる。ソ連は、私的所有の廃絶に徹していなかったというのであれば、統一教会などの新興宗教の方がもっと徹していいます。いや、信徒を搾取して、教祖が贅沢しているから悪いというのであれば、教祖も自分たちの信仰の目的のために、私財的なものを持たないで、献身的に働き続けていたらよかったのか（笑）。

アバンスールは、マルクスが政治の領域で国家が自立化していくメカニズムについて深く考えたことを指摘していますが、その自立化の過程で、宗教との葛藤もあったわけです。近代国家は宗教とは距離を置き、私的自由を保証することで、資本主義とうまく関係を結んだわけですが、政治から解放された個人たちが経済活動に専念したことで、宗教の影響は本当に弱まっていったのか。アメリカのキリスト教原理主義の盛り上がりとか、近代化の進むイスラム諸国で起こっていること、インドのヒンドゥー・ナショナリズムとか見ていると、そう言い切れないことが分かります。

近代の政治・経済と宗教が深いところで結び付いている例としてよく出されるのが、米ドル紙幣や大統領宣誓式の聖書です。アメリカには、地域の共同体主導で作って運営する、特定の会派の教義を持たない、コミュニティ・チャーチと呼ばれるものもあり、地域自治と教会が結び付いていることが多いようですね。

もっといえば、ウェーバーの『プロテスタンティズムの倫理と資本主義の精神』※56のように、資本主義とキリスト教、特にカルビニズムとの深い関係を示唆する社会学、経済史的な研究はいろいろあります。ゾンバルト※57のように、ユダヤ教徒との結び付きの方が重要だという議論もある。そもそも、世俗化によって国家は宗教から自立したと言えるのだろうか、宗教は阿片という言葉で片付けられるのだろうかという疑問を持たざるを得ないのです。

宗教を一般社会からかけ離れたものと考えるのは、近代的な発想ですが、それは実態に即しているのか。フランスでは、世俗性の原則ということが不自然なくらいに強調されますが、彼らがそれにこだわってきた背景として、カトリック教会の社会的な影響力が圧倒的につよくて、

※56 『プロテスタンティズムの倫理と資本主義の精神』マックス・ヴェーバーの著作。

※57 ヴェルナー・ゾンバルト　一九世紀後半からナチス時代を生きたドイツの経済学者。初期はマルクス主義を奉じていたが、ナチズムに転向した。代表作に『近代資本主義』。

放っておくと、他の宗派を押しのけて、抑圧的な力を発揮できてしまうということです。それで、少しでもカトリックの力をそぐようにしないといけない。近代初期には、教育はカトリックによって担われていたので、教育を中立化するには、学校を公営化しないといけない。その他、カトリックはいろんな資産を持っていて、それによって文化的、地域政治的な影響力を行使していたので、その財産を接収していったわけでが、全てを奪うことはできず、カトリックと妥協しないといけないことが多々残っているわけです。だからこそ、世俗性を強調して、カトリック寄りでないと強調しないといけない。でも、先程もお話ししたように、カトリック系の祝日とか、いろんな文化的痕跡が残っているわけです。

日本では町内会や自治会が、神社の神輿会や盆踊りの中心になっている。どこの神社にも属していない神輿が、町内会にある。もとは山にあった神社や産土神なんでしょうが、もう神主もいないし祠《ほこら》しかないので、町内会が神輿を運営するしかない。子供会というコミュニティも町内会が組織する。自治体からも予算が出るんだそうですね。

私の住んでいる町は平和町というんですが、名前からして戦後に生まれた町なんでしょう。平和町神社というのがあることになってますが、御神体がどこにあるのか知っている人はもういない。わかっているのは神輿がどこにあるかだけ。どういう系譜の神様なのかもわからないが、神輿だけは町会の役員さんが子供たちのために、ちゃんと保管しているんです。日本には会社の中の神棚とか、お地蔵様とか、よくわからない宗教的なものが少なくない。宗教的な儀礼が形骸化しながら、共同体の中にひっそりと息づいている、あるいは回帰しているといえるのではないか。通常の盆踊りだけじゃなくて、徳島の阿波踊りが杉並（高円寺）や南越谷などで開催されるようなことがある。単なるイベントと見るかもしれないけれど、伝統的な神事に起源があることは若い人だって何となく知っているし、伝統的な儀礼には、ただのお祭りか厳粛な神事かどっちか、はっきりしないものはいくらでもあるんです。

文化人類学の研究の対象になるような儀礼の多くは、そういうものでしょう。ヨーロッパの場合、キリスト教が儀礼的な部分に加えて、教義の体系と教会組織の原理を発展させて、中世には帝国や国の制度とも結び付くようになったので、教義が中心の宗教のように思われがちだけど、原初の教会やユダヤ教の起源にまで遡っていくと、元は生活のサイクルと結び付いた儀礼的なものだったはずです。西欧近代において、宗教としてのキリスト教を分離して、国家を確立しないということがマキャベリ以降意識されるようになった。それが政治的領域の発見ですね。その延長で、脱宗教化が国家の民主化の大前提だと考えられないようになった。世俗化して、宗教的なものを排除しておかないと、市民を平等に扱うことができないと考えられた。しかし初期マルクスは、国家からの宗教の分離が民主主義の前提になる、という発想に疑問を持ったわけです。

中世以降の教義と組織の体系としてのキリスト教なら隔離することは可能ですが、日常生活、法学的に言えば私的領域に浸透し、ブルジョワジーの生活や権利義務関係にまで浸透しているキリスト教的、あるいはユダヤ＝キリスト教的なものは除去できません。国家が私的領域における生き方は各人の自治に任せるという態度を取れば、かえって私的領域での宗教の影響が拡大するかもしれない。アメリカのキリスト教原理主義は、私的領域で力を温存・拡大した宗教が、間接的に政治に影響を及ぼすようになったものと見ることができます。初期マルクスはそうした問題も見据えていたのかもしれません。しかしその後マルクスは、国家と宗教、宗教と経済の関係を飛び越して、経済それ自体、つまり商品、貨幣、賃労働といった問題に関心を移した。それで、後に続くマルクス主義者たちは、宗教の問題は克服されたかのように錯覚したのだけれど、果たしてそうなのか。

マルクスは、経済問題に集中したけれど、それは資本主義さえ克服すれば、宗教問題なんて簡単に片付くと思ったからなのか。複雑すぎて、すぐには手を付けられなかっただけかもしれない。マルクス主義者たちは、エコロジーの話だと、マルクスが手を付けられなかった課題として簡単に認めるけど、宗教については、そういう発想をしない。時流に流されているんでしょうね。

八〇年代にソ連の民族問題が浮上したときに、宗教の問題が絡んでいるじゃないか、左翼も宗教のことを真剣に考えないといけない、というようなことを言っている人たちもいました。宗教の境界線と民族の境界線の絡み合い、そして、宗教的背景がないとは言えない戦争による国境線引きの矛盾。そういうことが、意識されるようになったわけですが、いつのまにか、イスラム限定の多文化主義の応用問題のようになって、左派は「宗教」への理論的関心を失った感じです。だから統一教会問題を機に、あまり掘り下げて考えないで、普通のワイドショー大好き中高年のようなバカ騒ぎをする。

塩野谷 マルクス主義研究で宗教の問題が見落とされてきたという話でしたが、他方で宗教学においても、それほどマルクスの議論が参照されてきたとは言えない。少なくとも、日本の宗教学ではそうです。マルクスの宗教論は、それを専門にしていない人たちのあいだではもっぱら宗教阿片論として、すなわちたんなる疎外論としてのみ処理され、受容されてきたという印象があります。あるいは、一般的には「宗教阿片論」が成り立っていたのは、マルクスが生きていた時代である一九世紀のプロテスタント・キリスト教だけだ、といったような紋切り型の「宗教概念批判」をやっておしまい、というパターンが多い。Roland Boerという旧約聖書学の研究者で、近年はマルクス主義研究でも著名な人がいて、彼なんかはもう少し丁寧に、その辺りの問題を論じています。

『価値論』の翻訳は最近ですが、グレーバーの出発点であり、マルセル・モース[※58]に対する関心は『負債論』以降も継続していきますね。グレーバーではなくモース的な、文化人類学的な文脈では、世俗国家以前の交換や贈与の議論になりますが、宗教と経済の境界線という見方をするなら、これは柄谷行人がいうところの交換様式Aの問題です。柄谷行人は、いずれ来たるべきときにユートピア的に彼方から到来する交換様式Dは、交換様式Aの、つまり宗教性の高次元における回復であると論じています。柄谷の場合、その国家論はつまるところ憲法九条と国連の問題に、もちろんそこでいう国連にはカントの永遠平和を文字どおりに実行するためにより強力な役割が与えられているとはいえ、そこに収斂してしまうわけですが、『マルクスその可能性の中心』以降の資本論読解が、物象化と物神化の区別という彼独自の理解に行きつき、そこで宗教の問題が回帰してくるというのは面白いと思いました。

国家の起源と宗教の関わりというテーマでは、先ほど仲正さんが挙げられたクラストルの議論がありますね。昨年もアバンスールが序文を書いて酒井隆史さんが解題をつけている『国家をもたぬよう社会は努めてきた』という本が出ましたが、しかしどうなんでしょう。たしかに仲正さんも仰ったように、未開社会において侵略戦争のようなものはそうそう起こらない。だけどその代わりに、部族間の戦争を延々とやっていて、そのせいで結果的に国家が成立しないのだという話ではないでしょうか。もちろんクラストル自身の政治的スタンスからそういう問題意識があったことは明らかですが、国家形成を妨げるシステムとして恒常的な戦争があるという話ですから、これは結果論であって、「国家をもたぬように努めてきた」とまで言えるのかは疑問です。国家成立の起源を考える際にこのような部族間の戦争を制圧するプロセスがあったにちがいない、ということなら納得できますし、そこで宗教的権威に依り頼むということもありえたでしょう。クラストルも、権力と同じように権威まで廃する必要はないのだ、ということは盛んに言っていますね。ただし、その権威は同じ宗教的権威であっても国家成立以前にあったそれとは、明確に性格の異なるものであったはずです。原初的な国家が誕生し、それが近代になって世俗国家に生まれ変わったとしても、依然として宗教の問題が解決されないという事態については、さらに別の問題として考えなくてはなりません。

今回もそうではないですか。ウクライナは十二月のクリスマスに停戦を呼びかけましたが、ロシアはそれに応じずに一月のロシア正教のクリスマスに停戦を呼び掛けて、これも噛み合わなかった。現実の政治と戦争に、民族と宗教は当然リンクしている。あるいは、わかりやすい形の宗教が後景化しても、その代わりのものが、宗教の代替物の役目を果たすものが出てくる。

※58 マルセル・モース 二〇世紀フランスの社会学者。『贈与論』はのちの人類学に大きな影響を与えた。叔父は社会学者のエミール・デュルケーム。

精神分析でいうところの「抑圧されたものの回帰」[※59]ですね。

■ナショナリズムの宗教性

塩野谷　宗教学では、宗教について二種類の定義があります。ひとつは実体的定義と呼ばれるもので、ごく一般的な意味での宗教のことを指すものです。もうひとつは機能的定義と呼ばれていて、これは宗教ではないけど宗教と同じような働きをするものを指す定義です。

私たちの日常生活でも、しばしば批判的なニュアンスを込めて「あれは宗教と同じだ！」なんて発言を聞いたりしますよね。宗教学では宗教自体をネガティブなものと見なすことはありませんが、機能的定義の用法としてはそんな感じです。これは作業定義的なもので、あまり濫用すると「宗教」という語を使うことに意味がなくなってしまい控えるべきですが、世俗国家において宗教性が回帰してくるというのは、宗教が実態としてだけでなく、機能的にも回帰しているということでしょう。

宗教学でも一九六〇年代から八〇年ごろまで、世俗化論というのが流行った時期がありました。近代社会において宗教は社会的影響力を失っていき衰退するという考え方で、現代社会における宗教の立ち位置を検討するためのパラダイムとして受け入れられていたのです。このパラダイム自体は、一九七九年のイラン・イスラーム革命やその他の事例によって実質的に「反証」され、大まかには影響を失っていくわけですが、マーク・ユルゲンスマイヤー※60にしても、以上のような世俗化論をめぐる諸々が彼の議論の背景にある。

ですが、それはさておき、いまの私たちの問題関心は「社会と宗教」ではなく、むしろ「国家と宗教」です。ユルゲンスマイヤーは、宗教的ナショナリストたちは近代統治構造の背景にある政治哲学に応答しようとしているのだと論じています。彼の議論では、世俗的ナショナリズムという近代西欧に固有の産物がもはや信頼を失っており、ナショナリズムの準拠枠として「大きな民族共同体と同盟している宗教」が選ばれるとされています。インドであればヒンドゥー教、イランではそれがイスラームであると。現代イスラエルにおいても宗教シオニズムがある。

※59 抑圧されたものの回帰　神経症の構造においては、無意識下に抑圧された欲動は、やがて症状として回帰する。この抑圧が解除されない限り、表面上の症状を取り去っても、また別の形で症状が現れることになる。

※60 マーク・ユルゲンスマイヤー　現代アメリカの宗教学者。宗教ナショナリズムや、宗教と暴力の関係についての研究で知られる。『グローバル時代の宗教とテロリズム』など。

ユルゲンスマイヤーの議論を参照すると、現代日本においてもナショナリズムが天皇制や神道と結びつくのは必然だ、ということができるのです。

ポスト世俗化でいえば、文芸批評の領域でもテリー・イーグルトン[※61]が宗教的転回を果たした。『宗教とは何か』のなかで、彼はリチャード・ドーキンス[※62]を名指しで、彼のような無神論者による宗教批判をたいへん粗雑だと批判しています。ドーキンス的な宗教批判など、キリスト教においては教父によってすでに反駁されているのだ、と。宗教批判の歴史でいえば、自然科学による実証主義的批判よりもマルクス主義による批判の方が先行しているし、ずっと洗練されているということです。

仲正　ウクライナではモスクワの正教がロシアの言いなりになっているから、分離したということですね。ロシア正教[※63]といっても、三つに分離しているはずです。それプラス、カトリックがありますし、中央アジア諸国はムスリムですね。そういえば、山口昌之さんの『スルタンガリエフの夢』とかで取り上げられていた、イスラムとボリシェビキの関係は重要だと思います。ボリシェビキは、都合のいい時はイスラム勢力を利用したけど、独立することは妨げ、ソ連の枠に囲い込もうとした。

いま挙げられたユルゲンスマイヤーは『ナショナリズムの世俗性と宗教』で、民族性と宗教のイコールではないけれど、かなり密接で、切っても切れない関係を問題にしていると思います。イスラム世界がその典型だと思いますが、ナショナリズムによる地域紛争の多くに、宗教的な問題が絡んでいる。

北朝鮮のチュチェ思想も、儒教的雰囲気で金王権を擬似宗教的に崇めるものだとすると、ナショナリズムと宗教の融合によって生み出されたということになるかもしれない。少し前だったら、そういうことに関心を持って、研究する人もいたと思うんですが、今はあまり聞かないですね。朝鮮の陰陽思想と関係があるのか。私が『世界日報』の仕事をやっていたとき、そういう研究をやっている人たちに話を訊きに行ったことがあります。統一教会はそういう方面に興味を持っていたんですね。ある意味、自分たちのルーツだから。ソ連の反体制運動はどうい

※61 テリー・イーグルトン　イギリスの文芸評論家、哲学者。マルクス主義の視点から、一九世紀ロマン主義からポストモダニズムまで論評している。

※62 リチャード・ドーキンス　イギリスの進化生物学者・動物行動学者。文化の伝播を遺伝子になぞらえた「ミーム」理論で知られる。著作に『神は妄想である』ほか多数。

※63 ロシア正教　正教会は各国ごとに教会組織を持ち、ウクライナ正教会は二〇一八年に分離設立された。

※64 ニコライ・ベルジャーエフ　ロシアの哲学者。マルクス主義からロシア革命を経て反共主義に転向、十月革命後にパリに亡命した。

う宗教性を持っているのか。ドストエフスキーやベルジャーエフ[※64]などには、ロシアの独特の宗教観があります。中国共産党にしても、儒教思想がベースにあるのは間違いない。今は知りませんが、統一教会、原理研究会はそういうことに関心を持っていました。マルクス主義者の悪いところは、マルクスが言及していないことに関心を持たないこと。もっと根っこにあるものを考えようとしない。現代の西欧的国家にも、そういう意味では宗教的な根っこが残っていると思います。

ハーバーマス[※65]も近年、ポスト世俗化ということをしきりに言っていて、公共的理性で対話をするというとき、宗教的世界観を持った人との対話をどうするのかと『自然主義と宗教の間』で問題提起しています。後期のロールズも『政治的リベラリズム』で、先ほどの公共的理性に基づく討議について論じているわけですが、当然、次第に深刻化する多文化的な状況への対応という面があるわけです。繰り返しになりますが、公共的理性の前提になる重なり合う合意とは、具体的には、アメリカに長年にわたって存続してきたような宗教なら、法の下の平等とか信教の自由、表現の自由、寛容などについて基本的に合意しているだろうということです。内部向けには教義に基づく言説で語っていても、外側、公共の場で発信する場合は、別の言説、憲法などに基づいた言葉で語れるはず、ということです。法廷とか議会のような場で、中絶論争をするときに、キリスト教原理主義の団体も、教義をそのまま持ち出し、胎児を殺すのは罪だ、神が許さない、というような言い方をしない。裁判所で受け入れられる、医学的あるいは法理論的な言葉で語ろうとする。

二〇一二年にロムニーが共和党の大統領候補になったとき、彼がモルモン教徒だということを誰も問題にしなかった。ロムニーの政治的主張にひょっとするとモルモン教の影響がどこかにあるのかもしれないけれど、彼の政策はモルモン教の教義と関係なく理解できるから、問題にしなかったわけです。日本だって、公明党の政策に対しては言わないでしょう。教義がどうのこうのとは。自民党の議員の中に生長の家とか立正佼成会の推薦議員がいたときも、政策の中に教団の主張が入ったことはない。それほどの信仰心なんてなかっただけのことかもしれないけど。

つまり、その人が公共的理性に基づいて語っているのであれば、包括的教説というんですが、その背後にあるものは問わないわけです。ロールズはそういう公共的理性に基づく熟議を提唱

※65 ユルゲン・ハーバマス　ドイツの政治哲学者。フランクフルト学派の第二世代に属し、コミュニケーション理論や公共性論の分野で大きな功績がある。デリダやガダマー、ロールズとの論争でも知られる。

※66 チャールズ・テイラー　カナダの政治哲学者。ヘーゲル研究のほか、多文化主義論争でも知られる。

したわけですが、コミュニタリアンのチャールズ・テイラー[※66]が異論を唱えています。無宗教の人間はほぼそのままの言葉で通じるが、教義を持っている人間は公共的理性の言語を修得しなければならない、ということにならないか。宗教を持っている人間のほうの負担が大きいのではないかと云うわけです。宗教と世俗のバイリンガルにならなければいけないのか、と。キリスト教の場合、世俗化が進んでいるので、むしろ教義をそのまま喋れというほうが難しい。たいていの欧米人は宗教の言葉で語るよりも、世俗的に語るほうが楽でしょう。

けれども、イスラムの伝統と共に欧米にやって来た人はそうはいかない。彼らに対して、信仰や教義は公の場では引っ込めて、誰にでも通じる言葉で主張しなさい、と。それでいいのか、というのがテイラーの主張です。

塩野谷　キリスト教原理主義者たちが公共の場で発信するときに教義を前面に出してこないのは、そうしないと自分たち以外の多数派の理解を得られないから、という一点に尽きるでしょう。宗教的な言葉で語っていても、議論に参加できるならばそうするはずです。これは、ロビー団体の常套としてそういうことになっている。

しかしそれが可能なのは、自分たちの信仰と政治的スタンスとを世俗の言葉で有機的に結びつけて説明できる、そしてそれによって、政治・言論の場所でほかの世俗の政治家たちに交じって対等に戦うことができるような、知的エリートを育てられる余裕のある集団に限られる。

福音派ならできるだろうけど、よりマイナーな信仰をもつ人々であればどうか。テイラーがいうように、信仰を持っている人たちの方に負担が大きいのです。

それにハーバーマスの議論では、アメリカの公共性に関するコンセンサスを脅かすような宗教には、そもそも存在の余地が認められていないということになってしまいます。政治的主張をせずに、信仰を内面にとどめておく限りにおいて存在を認める、ということになります。これは一方では、儀礼や身体実践よりも内面の信仰を重んじるような偏った宗教観に裏打ちされていると同時に、他方ではアメリカの反革命的政治文化を規定するものでもあるのでしょう。

ハーバーマスの議論の問題は、実際の生活上の問題で考えればわかりやすいですね。ムスリムの場合であれば、毎日の礼拝が五回ある。ハラルフードの問題もあって、飲酒はともかく豚肉は厳禁です。イスラームの儀礼と公共の場との兼ね合いはこの先どうなるのか。いまのところ、日本では宿泊施設や学生食堂などでハラルフードを準備する程度が、かれらとの接点になっています。そのかぎりでは、日本の慣習とぶつかることはない。しかしこれでは、形式上はうまくいっているように見えても、実際にはコミュニケーションが成立しているわけではない。

仲正 そういうことなんです。ムスリムの留学生用に礼拝用のプレイヤースペースを用意しているところもあるけど、そういうことをどこまでやるべきなのか。理系の学生の場合、一日に五回拝礼をする時間を取られたら、実験の管理は大丈夫なのかということがあります。大学でも観光施設でも、とにかくイスラムの人たちと話し合って、という感じの態度を取ることが多いですが、そのうちにキャパシティが限界にくるかもしれない。触らぬ神にたたりなしではなくて、それ本当に必要なのですか、そうしないと生きていけないんですか、と議論しないといけない。

インドネシアからの留学生が多いと思うんですが、例のムスリムのヒジャーブは、被ってる人が多いけど、取っちゃってる人もいるでしょ。どの程度の抵抗感があるのか、自発的にやっているのか、周りの目を気にして仕方なく付けているのか分からない。フランスで、名目的にはイスラムを狙い撃ちにしてるわけじゃないけど、公共の場で顔を覆ってはいけないという法律[※67]があるんです。左翼過激派対策だとされているんですが、実際にはイスラムに向けられたものではないかと言われている。ヒジャーブだと顔自体は覆わないのでセーフだけど、顔全体を隠すブルカや、眼を除いて全部を隠すニカブじゃアウトだということです。ヨーロッパのイスラム系が五百万人で、ブルカやニカブをしているイスラム女性は、ヨーロッパ全体で二〇〇〇人程度だとされていてかなり少数なので、本当にピンポイントで狙っているのか微妙な感じもしますが、実際に罰金を取られた人もいる。

塩野谷　まちがいなくイスラームに向けたものでしょう。公共の場で宗教の活動領域の存在を許すことに対して、フランスでは非常に強い拒否感がある。歴史的にはそれはカトリックとのヘゲモニー争いのなかで培われてきたものだけど、現在ではそれが移民二世に向けられ、しばしば排外主義と結びつく結果になっている。

仲正 スイスでも同じような法律があるんですね。われわれの多くは、ヒジャーブとブルカの区別もつかないほど知らないわけで、ニカブを着けてる人に、いやそれじゃなくてヒジャーブにしろとか、着ける理由も知らないから言えないわけです。

塩野谷 コミュニケーションがないし、関心もない。

仲正 ないんです。議論にもなっていない。ハーバーマスではないけれど、とりあえず、世俗化した人間が面倒がらないで、対話を求めることが必要になってくる。教義にかかる礼拝や特殊な服装、そういうことは本当に必要なのか、口出しするのは内政干渉みたいになるんじゃないかという気がして、日本人は「外来の宗教」に何も口出ししないどころか、質問さえしない。面倒なことはひたすら避けようとする。イスラムには何も口出しできないけど、旧統一教会には非常に干渉しているんです。ただ、イスラムに一切干渉できないとなると、じつは大変なこ

※67 顔面被覆禁止法　フランスで二〇一一年に施行された。条文の中にその語が登場するわけではないが、「ブルカ禁止法」とも呼ばれる。

とになる。イスラム教徒でも、旅客機のパイロットは礼拝をしなくてもいいことになっているようです。コクピットで操縦している間は、少なくとも礼拝は出来ない。パイロットや前線の兵士とかは、仕方がないから何か理由をつけて礼拝をしてないようですが、どういう基準で決めているのか、「外」からは分かりません。今は「外国の話」なので、無理に干渉しなくてもいいかもしれませんが、イスラム人口が増えてきたら、そうも言ってられなくなるでしょう。

因みに、アウシュヴィッツの管理をしていたので有名なアイヒマンも、もとはユダヤ教・ユダヤ人関係の情報収集が仕事だったんです。それが大量虐殺に使われてしまったわけですが、ドイツ人にとって、ユダヤ教をちゃんと把握する仕事自体は必要だったのだと思います。ドイツ国内にユダヤ人・ユダヤ教徒はたくさんいたのに、その他のドイツ人は、ユダヤについてあまり知らなかっただけなんです。

塩野谷 多文化・多宗教時代には、どんなことが必要なのでしょうか。

仲正 たとえばアーミッシュ[※68]の場合、アメリカに移民する前に植民地時代の州の自治体と交渉して、自分たちの生活様式は、例外扱いにしてくれるよう合意しています。戒律によって読書がダメとか化粧禁止とか、さまざまな生活上の制約があり、それらは憲法違反なんだけど、歴史的経緯があるから特別に許容されている。この種の小宗教や民族マイノリティの特殊な慣習の扱いについては、カナダのキムリッカ[※69]という政治哲学者が研究をしています。キムリッカにようと、こうした事前に合意して、集団で移住した宗教マイノリティ集団と違って、その後やってきた民族マイノリティに属する移民の多くはアメリカの立憲体制を承知したうえで、移住しているので立場が異なる。アフリカ系は、必ずしも同じ文化や宗教を持っているわけではないけれど、自らの意志に反して奴隷として連行された経緯があるので、人為的に構築された黒人文化の自立を主張するような場合でも、無視できない。それぞれ条件が違うわけです。フランスでも、アルジェリアがフランス本国の県扱いだった頃からいるイスラム系の人と、同じ植民地でもチェニジアやニジェールなどから来た人、それ以外のイスラム系あるいはアフリカの国から来る移民では、経緯が違い、宗教も含めた権利要求の正当性も違う。

実は旧統一教会にも似たような問題があって、最初の信者は在日系の、再臨を信じる少し変わった教えのクリスチャンで、韓国本国で起こった統一教会のラディカルな教義に共鳴して、

※68　アーミッシュ　アメリカやカナダの一部に居住する、ドイツ系移民の宗教集団。移民当時の生活様式を守っているため、電気をはじめとする現代の技術を一切拒否して暮らしている。

※69　ウイル・キムリッカ　カナダの政治哲学者。多文化社会におけるマイノリティの権利などを研究している。

在日コミュニティを中心に布教していた世代がいるんです。

その意味では、民族問題でもあったわけです。その後、日本人にも、キリスト教を媒介に布教が広がっていき、立正佼成会のような日本固有の宗教とか、元左翼とかにも広がっていくわけです。私がいた頃も、在日の人は一定数いましたし、被差別部落出身の人もいたようです。そういう人たちの割合が高いままだったら、今のような統一教会批判はやりにくかったと思います。じつは今の方が韓日祝福の関係で、夫婦の一方が来日した人とかその子供とかがいるし、アフリカとかフィリピンから来て家庭を持っている人もいるから、民族問題という側面もあるわけです。反統一教会活動やマスコミはそういう、民族問題と絡んだややこしいところは抜きにして、韓国にある教団が日本人の信徒を外から操っているというような単純な図式にしたがる。

私が学生の頃は、左翼学生が、「勝共連合原理研は韓国に帰れ！」とシュプレッヒコールをあげて、今だと韓国差別だと言われないかねないことを主張していたと思ったら、逆に、「韓国のＫＣＩＡと繋がる公安のスパイの原理が代議員会の傍聴に来ると、在日の学友が怖くて、代議員会で発言できなくなる」とか、差別意識と「在日」の政治利用を混在させたような無茶苦茶なことを言っていました。複雑な話だということが分かっていないんです。現在の日本はあたかも世俗化した社会で、特定の宗教を信じているのは困った人たちであるかのように議論しているので、いろいろと矛盾したことを言ってしまう。国家と宗教の関係はそんなに単純なものではなくて、民族性とか、かつての植民地主義、移民、地域的な慣習などいろんな要因が間に入っていることを、ちゃんと考え必要があるんじゃないでしょうか。

■陰謀論について

仲正 統一教会問題で明らかになったのは、日本人が自分たちは世俗化していると思っていることです。自分たちは宗教とは関係がないと、そういう妙な前提から新宗教の問題点を指摘しようとする。しかし仏事や神事と完全に無関係という意味で、無宗教という日本人はほぼいない。そもそも、フランス人が云うような世俗性を真に受けるべきか。フランスが政治の世俗主義を強調するのは、強調しなければならないほどカトリックにどっぷり浸かっていたからでしょう。フランス政府がフランス文化の象徴として守っているノートルダム寺院[※70]なんて、カトリ

※70 ノートルダム寺院 フランスを代表するローマカトリック教会の大聖堂。フランス革命後に「理の神殿」と改称され旧王権に関連した一部が破壊されたが、政府によって大聖堂として修復された。二〇一九年に火災に遭う。

ックそのものでしょ。

スピリチュアリティと呼ばれるものは、どこまで宗教と言えるのかわからないけど、陰謀論、特にスピリチュアルな物語性を持ったものは宗教の代替物だと思いますよ。世界をわかりやすく説明したい、解釈したいという欲求なんです。ドイツ文学にはこの欲求を充たす作品の系譜がある。シラー、ティーク、ジャン・パウル、ホフマン、ゲーテにみられる秘密結社小説ですね。秘密結社が作品の主要な道具立てになってるんです。ゲーテの『ヴィルヘルム・マイスターの修業時代』の主人公は物語の最後に、それまでの自分の人生が、フリーメイソン的な秘密結社である塔の結社によって導かれていたことを知り、同志たちと共に社会変革に取り組む決意をします。

結社文学が流行った背景には、啓蒙主義の隆盛があったとされます。表向きは、啓蒙の「光」によって、この世界の「闇」、カトリックなどが人々に強いていた無知の状態は解消された。「闇」に留まることは、人間として進歩する努力を怠ることであり、許されない、ということになった。しかし、その反動で「闇」に関心を持ち、自分たちの知らない、知り得ないところで、何かが世界を動かしているのではないか、という想像を働かせる人たちが出てきます。

全てが「明るみ」に出たということに違和感を感じたのか、「闇」に郷愁を覚えたのか。それまで宗教によって摂理というかたちで説明されていたものが、不透明感を持って再浮上してくるわけです。宗教的なプロビデンスだったものが、合理的に解明されることへの抵抗から、啓蒙化されたに見えた世界史を、裏側で動かしているものがあるんじゃないか、あってほしい、と。つまり陰謀論です。結社の陰謀で世界を説明することで、自分と世界を強く関係付けたいという欲求が充たされたような気がする。わかりにくい世界の動き、自分とは無関係に進行しているように見える世界の動きを、陰謀でもって解読し、自分の中にある不安を抑える、あるいは、世界の中の自分の位置を確認する。ドイツ文学だけではなくて、イギリスのゴシックホラーにも、そういうモチーフが出てくるものがありますね。

そして現代ですが、秘密結社による陰謀論ブームです。ディープ・ステイト、ユダヤ資本の陰謀。統一教会の陰謀というのもディープ・ステイト論のひとつです。世界を動かしている原理を見渡せない、自分だけ世界の動きから取り残されているのではないという焦りから、世界全体を背後で動かしてる黒幕のようなものを見つけて、俺は騙されてないんだぞ、と力みたがる。よくわからないことを解説しようとして、統一教会が陰謀をめぐらせていると言い張る。中にいた人間からすると、統一教会で日本の政治の動向を説明するのは、いかにも筋が悪いというか、誇大妄想だけど、そういう人たちにとっては、そういうことにしておくと、真理を掴んだ気になれるんでしょうね。

わたしも取材をうけた世界日報襲撃事件も、陰謀論で語ろうとすれば出来なくはないんですが、真相は単純なことなんです。

占拠事件のときは、わたしも動員されました。仕切っていたのは、勝共連合の人たちですが、あそこには専従のメンバーがそれほどいないので、東大駒場と青山学院など、渋谷近辺の原理研の学生も動員されたんです。ビルの八階と、三・四階に世界日報があったんで、言われるままにそれらのスペースの占拠に参加しました。なぜ占拠できたかというと、統一教会の役員や関係者が出資してる新聞社だからです。副島編集局長の会社じゃないんですから。世界日報の編集方針が教祖の方針に反している、信仰上の問題があるということで、株主権限で首を挿げ替えた。それだけのことなんです。旧編集局の側が、株式の登記を変えようとしていたのが発覚した、それで急遽強引に編集局長を交代させることになった。そうして、勝共連合の理事長をやっていた人が新社長に、勝共連合の局長をやっていた人が副社長兼新編集局長になったんです。多少手を出したというのはありましたが、警察が介入しなかったのは、どちらが会社を所有していたかはっきりしていたので、民事介入になることを怖れたのでしょう。

メディアの取材に答えて、統一教会・勝共連合側に暴力をふるわれて、救急車で何人も運ばれたと証言している人がいて、それがネット上に流布していますが、あれは大嘘です。救急車で運ばれるほどの暴力事件が起きていたら、警察は調書をとるために事情聴取に来ているはずです。わたしはずっと見てましたが、血が流れたわけではないし、救急車は来ていません。わたしたちは翌朝までいたけど、警察が検証に来ることもなかった。事件の本質は、乗っ取ろうとした側を追い出そうとしたら、居座ったので排除したというものなんです。編集局が現実路線を取ろうとしたのを、信仰心を理由に排除するというのは、新聞社としてはおかしいですが、編集局の幹部たちも、もともとは統一教会信者で、自分たちがどういう集団か分かっていたはずだし、愛着がある会社だからといって、現株主に無断で、会社の登記を書き換えるのはまともではない。まともではない同士の争いなのに、結果的に追い出された方が反統一教会に回ったからといって、そちらの言い分ばかり聞いて、何かすごい陰謀が働いたかのように言うのはヘンな話です。

浄土真宗の内紛[※71]というか教団の紛争でも、事件性のあるもめ事で暴力坊主とかお互いに言ってますけど、どこまでやれば刑事事件化されるのか、されるべきなのかはなかなか難しいんでしょう。暴力事件や傷害事件になっても、病院送りにならないかぎり、警察は介入しにくいんじゃないかな。

※71 浄土真宗の内紛　真宗大谷派（東本願寺）の改革派・同朋会と大谷家・保守派の対立は三〇年戦争と呼ばれている。西本願寺でも内部対立が顕在化しているという。

世界日報はともかく、宗教が絡んでいる企業というのは多いでしょ。創業者が宗教化しているケースも少なくない。外部から宗教家を招いてくる場合もある。それでは、経営者が宗教を従業員に事実上強いるのはどうなのか。雇用関係、業務命令関係にあるんですから、ほとんど強制ではないかと。あるいは社内に神棚を造ってもいいのか、宗教行事になるのではないか。そんなことを言いだしたら引っかかる企業、団体はたくさんある。学校でも宗教色のある行事がいろいろ引っかかることになる。

塩野谷　ミッションスクールや仏教系の学校は、たいていミサや修養の時間がありますね。日本人の宗教観をもっと考え直してみる必要はある。ところで宗教系の学校の場合は、大学だともうあまりミサなどもやらないところも多いようですね。学生が嫌がるからでしょう。しかし、中学や高校であればわりあい熱心にやっているところも多い。生徒が参加に同意していなくても、生徒指導という権力が発動されて強制参加になったりする。家庭で特別な信仰を持っている生徒の場合であれば配慮がはたらくこともあるでしょうが、それだって他宗教に対する理解というよりはトラブルを避けるためです。

宗教系の中学や高校でそれが問題にならないのは、未成年の生徒の代わりに保護者である親の同意を得ているからですよね。しかし、世間一般の親御さんが宗教に対する理解を実際どれだけ持っているのか。ミッションスクールではなくて戸塚ヨットスクールであれば、たちまち問題になるわけでしょう。とはいえ、最近では宗教二世問題も話題になっているし、宗教系学校の行事参加についてもいずれもっと問題化するかもしれませんね。

繰り返しになりますが、世界をわかりやすく説明したい、解釈したいという欲望が出てくること自体は当然のことで、仕方がないんですよ。たとえばTwitterではもうずっと、ワクチン陰謀論とか反コオロギとかで盛り上がっていて、さすがインターネット……という感じがしますが、では逆にそれを嘲笑するだけの啓蒙的な人たちが、そういった欲望に抗えているのかというと、だいぶあやしい。世界でたったいま、理解できないことが起きているということへの不安。パンデミックという出来事は、そういう不安を可視化したと思います。COVID-19の感染爆発と、それによって全世界で起きた政治経済や生活の変動。なぜこんな〝事件〟が起きてしまったのか、それをどう理解すればいいのか。それがわからない不安に耐えるというのは、なかなか大変なことです。陰謀論者たちはその原因を、ビル・ゲイツやユダヤ大資本やイルミ

※72 イルミナティ　一七七六年に創設された秘密結社。理性とキリスト教の隣人愛に根ざしたユートピア思想を掲げた。バイエルン政府が一九八五年に禁圧した結果、歴史上からは消滅したが、諸悪の根源をイルミナティに帰する陰謀論は現代にいたるまで大きな影響力を持っている。

ナティ※72、その他諸々の紋切り型な黒幕イメージに求めた。

他方で、Twitterで「医クラ」と呼ばれる人たちに象徴的ですが、彼らはコロナ・ワクチンに対して過剰な信頼を抱いていた。もっといえば彼らは、日本政府はワクチンやPCR検査等の政策においてつねに真っ当な政策を打ち出しているにちがいなく、コロナ禍を正しく制圧しつつあるにちがいない、という政府に対する無条件的で絶対的な信頼を抱いていた。作家の海堂尊さんが批判していたように、彼らは最終的には自分たちの政府への信憑＝信仰を守るために、事実を捻じ曲げデマを拡散するまでになってしまった。現実を把握できないという不安は、実存的には死の不安につながるわけでしょうね。

ラカン派の人たちが当時さかんに言っていたように、しかしそれしか言えなかったのかもしれませんが、パンデミックは現実界に通じる穴を可視化させた。私たちは誰しも人間である以上、心のなかに不安を呼びおこす穴を抱えている。個人のレベルでいえば、通常はほとんどの人がその死の穴を、何物によってもふさぐことのできない否定存在論的な穴を、精神分析用語でファルスと呼ばれるものでふさぐという選択を、たとえ無意識のレベルであれ通過している。

もちろん、実際にはふさぐことなどできない。無理があるわけで、ラカン派では神経症と呼ばれていますが、一般的には今の社会ではこれが健常者とされる人たちのあり方です。自分の不安の穴がファルスによってふさがれていると錯覚できている限りにおいては〝健康〟でいられるけれども、社会的なストレスなり何らかの原因で一度それが壊れると、うつを発症することになる。コロナ情勢においては、「医クラ」の人たちはワクチンや政府の無謬性をファルスとして依り頼んでいたということですね。精神分析を通過していない人は、結局のところ、心の穴をなんらかの形でふさいでしまおうという欲望に抗えない。陰謀論もそういった穴ふさぎのバリエーションのひとつである以上、リベラル派の人たちがよくやっているように、単純にそれをバカにしたり、エビデンスを示して批判するだけでは意味がないのです。「人はみな妄想する」のですから。

仲正 人間は世界を動かしている原動力に興味を持ちますが、どういう出来事を重視するかは関心の持ち方で違ってきます。特に政変や戦争は事後の評価でかなり違ったものになってくる。たとえばアラブの春は世界から独裁や王政からの民主化だと評価されましたが、原理主義の台頭が明確になってくると、これで良かったのかということになる。イスラミックステートやタリバンで良かったのかと。タリバンは批判するけど、アルジェリアの原理主義はどうなのか。現代思想の研究者たちは、アルジェリアの民族解放と独立は評価しますが、アルカイーダなどの原理主義はどうなのか。サルトルやデリダが論じるアルジェリアには興味があるけど、アルジェリアの原理主義には興味がないんです。アルカイーダには多少注目するけれど、アルジェリアやトルコの「イスラム」には関心がない。

塩野谷　現代思想も宗教を政治や民族との関係としてだけでなく、それ自体としてきちんと向かい合うべきですね。

仲正　向かい合わないといけないんです。民族解放のあとに、宗教的なものが台頭してきたときに、どうするのか。哲学的には宗教の主体化作用について、ちゃんと考えるべきだと思います。今、ミル・プラトーの解説本を準備しているんですが、その中で、主体の生成は、自己形成過程において、他者の顔のように見えるものと遭遇し、それに引き寄せられる顔貌《がんぼう》化作用と不可分の関係にある、という議論が出てきます。その文脈で、イエス・キリストの顔は常に白人の顔として描かれ、白人としてのイエスの顔貌が、西欧的主体たちに刻み込まれている、ということが示唆されています。ビッグブラザーですね。イエスの顔を白人にするのは、白人男性を標準にすることを意味しますが、先ほどのクラストルの『国家に抗する社会』の文脈で言えば、それまで権力の集中を回避してきた未開社会において、みんなを自動的に引き寄せてしまう「顔」が生まれたわけです。

ドゥルーズ＋ガタリによると、国家が誕生する以前には、ひとつの顔が圧倒的な力を発揮したのではなく、いろんな役割の顔たちがあった、トーテムで表現されるような、いろんな表情の顔があった。先ほどお話したように、未開社会の首長は共同体の構成員をなだめ、彼らに仕える役だった。あるいは、構成員に富を配るために働いていた。彼らも宗教的な儀礼を持っていたけど、一つの顔による支配とは必ずしも結び付けておらず、むしろ単一の「顔」が求心力を発揮するのを抑止していたわけです。宗教と国家を結びつけて、神の名の下に専制的に支配するのは、ユダヤ教の果たせぬ願望だったわけですが、キリストがイエスという「顔」を見出しことで、それに成功したのではないかという気がする。神の顔を表象するのは、ユダヤ教では禁止され、それによって一定の抑止が効いていたのかもしれないけど、キリスト教は、イエスという、死者でありながら、というより死者であるからこそ、神の似姿として至るところに、聖骸布の痕跡のような形で現前する存在を発明した。生きたままのイエスを、そのまま神の子にしていたら、民族が特定されてしまうとか、肉体的欠陥、醜いところも目につくとかで、多分あまりうまく行かなかったでしょう。

イスラム教は、表向き「顔」を拒否しているけれど、マホメットの顔が代替になっているふしがある。旧統一教会の場合も文鮮明の顔が気持ち悪いとみんな言うんだけど、それはイエスのような真っ白な顔ではなくて、リアルな顔だからでしょう。聖骸布のような、「白い顔」がいいのか、リアルな顔がいいのか。一長一短あるでしょう。仏教だってカトリックだって、意味付けはいろいろあるにせよ、人の顔を彫像にして、信者に対する影響力を発揮しているわけです。天皇の顔もそうですね。明治天皇の御真影のように、いかにもその顔貌作用によって、臣民たち（subject）を引き付け、国家建設の「主体 subject」になるよう促すような感じのものと、戦後の天皇の写真や映像のように、リアルに人間的である意味気持ち悪い感じのものと、効果の面でどう違うのか。後者の方が、引力が弱いと言い切れるのか。顔貌化作用は、イエスの肖像のように、唯一神を奉じる普遍的宗教であるように思えますが、スターリンの顔、プーチンの顔、トランプの顔だって、かなりの吸引力を発揮して、従属者＝主体（subject）を作り出すわけです。

宗教と完全に切り離された国家が成立したことがあるんでしょうか。顔貌作用のようなものまで視野に入れれば、どこまでを宗教と言うべきか分からない、国家自体が宗教的な構造を持っているのかもしれない。旧一教会問題はこうしたことを考えるきっかけになったはずですが、ほとんどの識者は、旧統一教会の特殊性を強調して、正面から考えようとしなかった。少し前から、トランプをめぐる陰謀論のようなものが日本にも出てくると思っていましたが、そうでもなかった。イエスの顔のようになれるほど強烈なキャラ、逆の側から見れば、悪魔の顔になれるような強烈なキャラがいなかったかせいかもしれない。強いて言えば、安倍さんがそうだったかもしれないけど、さすがに宗教性を帯びるほどの顔貌作用ではなかったでしょう。旧統一教会の問題で、日本の独自の陰謀論が生まれたのかなと思ったけど、文鮮明はもう亡くなっている人だし、日本の人ではないでしょ。すべてを「日本」をめぐる巨大な物語へと仕立てていく、日本イデオロギーのようなものは衰退しているのかかな。

塩野谷 国家と宗教の関係について考えることから目を逸らすために、旧統一教会のような目立つものをスケープゴートにしてしまうというのはあるのでしょうね。まあ旧統一教会に関していえば、実際にある程度、国家権力に食い込んでいたというのはありますから、全部が全部そういう批判がダメだということにはならないのでしょうが。だけど批判対象にする相手を「カルト」として批判するのは、やっぱり筋が悪いと思いますね。自分たちがやっていることは「カルト」ではないのか、という視点がつねにないとダメだと思う。その上で「カルト」を肯定するのか否定するのか。社会的に有害だから「カルト」はダメなのか。それなら「正しい目的」に向かうためなら、自分たちの活動がカルトでも構わないのか。そういう方向に議論を深めていかないといけない。

でも、「顔が気持ち悪い」というのはおもしろいですね。関係ないかもしれませんが、中国の明王朝の初代皇帝であった朱元璋も異形で知られていたそうです。でも、たんに「気持ちが悪い顔」というのは、異形とはまたちがう。「気持ちが悪い顔」というのは、異形には醸し出せないようななんともいえない不気味さがある。気持ちが悪いんだけど、どこか惹かれてしまうというか、そういうものがあるのかな。それで、いま仰ったように、そういう顔って表情豊かではまったくないんですね。ＡＩによる三次元イラスト生成とかも最近流行っているけど、ＡＩで出力された三次元画像が個人的にあまり好きじゃないのは、たぶんその表情なんでしょうね。今の技術の限界なだけかもしれないけど、不気味の谷というか、そういうものを感じてしまう。あるいは、いわゆる心霊写真やホラー映画に出てくる霊の顔も、異形というよりはとにかく気持ちが悪い顔だけど、表情はほとんどない。こういう捉えどころのない幽霊のようなものが、権力機構のなかにちゃんと居場所を持っていて、機能する側面がある。

■カール・シュミットの政教分離論

仲正　ナチスを法学的に擁護したので悪名高いと同時に、ポストモダン左派の議論にもよく登場するカール・シュミット[※73]は「友敵論」と「例外状態理論」に特長があるんですけど、もともと彼は、カトリック保守主義者で『政治的ロマン主義』という著作では、アダム・ミュラー[※74]とフリードリッヒ・シュレーゲル[※75]などのロマン主義を批判してるんですけど、ミュラーとシュレーゲルは今でいうポストモダン的な傾向を持っていました。あらゆる意味で、二つ極、精神と物質、自然と人為、右と左、男性と女性……の中間を漂い、その宙吊りの中で想像力をはたらかせながら、硬直化し、形式に固執する合理主義を批判しました。

　これに対してシュミットはロマン主義、自らの足場を持たないふわふわしたスタンスであり、特にそれを政治に応用したらダメだと批判する。政治的ロマン主義との対比で、反フランス革命の急先鋒になったド・メーストル[※76]、ボナール[※77]という復古主義者、それからスペイン人の二月革命時の反革命主義者ドノソ・コルテスの三人を持ち上げて、カトリック保守主義の有効性を強調する。これらのカトリック保守主義者は、カトリックの教義がどうのこうのというより、ローマ法王を中心とした位階制をモデルにした政治体制こそが秩序をもたらす、と主張します。人間は放っておいたらとんでもなく乱暴なことをする罪人なので、権威が必要だというわけで

※73 カール・シュミット　ドイツの法学者、政治哲学者。友敵理論や例外状態についての議論で知られる。初期ナチス法学理論を支えたが、戦後も著述活動を続けた。

※74 アダム・ミュラー　ドイツの哲学者、文芸評論家。政治的ロマン主義の代表的理論家として知られる。身分制国家擁護を説き、晩年はウィーン体制のイデオローグとして活動した。

※75 フリードリッヒ・シュレーゲル　ドイツの芸術批評家。初期ロマン主義運動の代表的な一人で、〈ロマン的イロニー〉の概念を提起した。

※76 ジョゼフ・ド・メーストル　フランス革命期の王党派貴族。反合理主義の立場から世襲君主制や教会の権威を擁護した。

※77 ルイ・ド・ボナール　フランス革命期の反革命哲学者。言語の神的な起源という原理に基づいて、絶対主義を擁護する思想体系を構築した。

す。カトリックはその権威の重要性をわかっている宗教であるという。権威によって現実の政治が成り立つ。シュミットは、プロテスタントは個人主義的なのでダメだと思っていたようです。

ド・メーストル、ボナール、コルテスの三人は聖職者ではなく政治活動家なんですが、共通しているのは、単なる抽象的な権威ではなく、組織化された権威、カトリック教会の権威を重視していること。教会の教えや法王の人柄が問題なのではなく、政治的秩序を保証する権威としての教会が重要で、原罪を根拠に、人間に多くの自由を与えず、階層的秩序に組み込むことを目指したカトリック教会を三人は評価しています。シュミット自身は、カトリック教会がそれほど宗教的権威を持たない時代に生きていたけど、カトリック教会的なものが必要だと見ていたわけです。

シュミットが微妙な評価をしている人物に、フリードリヒ・ユリウス・シュタールがいます。ドイツで、法治国家概念を確立した法哲学者で、プロテスタント系の教会法学者でもあります。保守主義者なので、仲間扱いするかと思いきや、シュミットは『リヴァイアサン近代国家の生成と挫折』でシュタールを厳しく批判しています。シュタールが改宗ユダヤ人ということもあって、ナチスに迎合したところがあるのかもしれないけれど、シュミットはシュタールが保守主義を名乗りながら、政教と公私の分離、個人の自由的な諸権利を前提にしていて、国家や宗教が個人の内面のことまで干渉できない、という態度を取っていたことに不満で、そんなのは保守主義ではないと見ていたようです。

シュタールも、人間は罪人であり、神に反逆しがちなので、そうならないよう、地上の主権者である君主に従い、従順さを学ばねばならない、と言っていますが、その一方で、主権者＝君主も罪人なので間違いを犯しやすいので、「法」による制約の下で統治しないといけないと言います。「法治国家」ですね。シュミットにしてみれば、そんな消極的な主権者だったら意味はない。主権者は「例外状態」について「決定」し、何が「正常」なのか決める者でなければならない、そうした主権者の権威は、奇蹟という形で、この世界に干渉し、秩序を再建するための決定を行う、神の働きのアナロジーになっている、というわけです。

ホッブズ[※78]の『リヴァイアサン』は、宗教的な権力論でもあります。ご存じのとおり、『リヴァイアサン』の一巻二巻は、自然状態における自然権と世俗的な国家権力の成り立ちを論じているけれど、三巻四巻は宗教的なコモンウェルス[※79]の話です。前半の市民論よりも、キリスト教的コモンウェルスのほうに重点が置かれている、という人もいます。シュミットの解釈ですが、

※78 トマス・ホッブズ　一七世紀イギリスの哲学者。自然権と社会契約説に基づく近代国家論を創始した。

※79 コモンウェルス　共通善もしくは公共の福祉に基づく、政治的コミュニティ。

ホッブズはもともと世俗的権力と宗教的権力が一体化していないと、リヴァイアサンは本当の力を発揮できないと、わかっていた。そうでないと、リヴァイアサンは単なる技術的な統治機構にすぎなくなる。統治の機構なら、政治家や官僚が自分たちに都合よく運営できることになる。ホッブズはそういうものを正当化する合理主義的国家思想の元祖だとする見方が何となく支配的になっているけれど、本当のホッブズは宗教的権威と政治権力を融合させようとしていた。その一方でホッブズ自身「心の中」のことは支配できないことを暗に認めていたふしもある。それはホッブズの妥協だったと、シュミットは解釈する。

そこにつけ入ったのがスピノザ[※80]で、スピノザは、人々は内心の自由を守るため、連帯して国家をつくったとする。スピノザの仕業でコモンウェルスの目的は内心の自由、信教の自由をまもるためだ。ということにされた、というわけです。その後、様々な自由主義系の知識人、特にユダヤ系の知識人たちが、政教分離を説いた。特に、モーゼス・メンデルスゾーン[※81]は宗教と国家の分離論を説くことで、ユダヤ教徒の信教の自由を認めろと要求した。シュタールは、ユダヤ教から改宗しながら、一番肝心なところで、スピノザやメンデルスゾーンと同じだというわけです。

シュミットに言わせれば、こうした自由主義者、ユダヤ人たちの議論のおかげでリヴァイアサンが支配できるのは外的な世俗的領域だけになり、信仰の世界は個人の自由に委ねられることになり、リヴァイアサンは無力化されてしまった。内心の自由を認める国家、宗教の領域から分離された国家は、リヴァイアサンとして機能しません。

こうしたシュミットの議論はマルクスが『ユダヤ人問題に寄せて』で提起した問題意識と重なってきます。国家と宗教の関係をどうするのか。マルクスは、シュタールやシュミットが考えていたような意味での国家主権についてどう考えていたのか。シュタールの国家論は、ヘーゲルの合理主義的な国家像を、プロテスタント保守主義的な視点から、マルクスとは逆の立場から克服することを目指すものでした。ヘーゲルの法哲学は、当時のプロイセンにおける法制度の改革に、国家はどう臨むべきか、という問題に対する回答になっています。

個人の自由な経済活動を可能にする、法の一般性・公平性に基づく統治を進める一方で、国

※80　バールーフ・スピノザ　一七世紀オランダの哲学者。ユダヤ共同体から破門されたのち、哲学・自然学・政治学を研究する。信仰の本質は神への服従であり、真理の探究は理性に委ねるべきであると説いた。

※81　モーゼス・メンデルスゾーン　一八世紀ドイツの啓蒙思想を代表するユダヤ人思想家。美学の論考を多く残し、近代文芸批評のドイツにおける創始者の一人。レッシングの『賢者ナータン』のモデルとしても知られる。

王への権力の集中と秩序維持をどう両立させるのか。単に、主権者＝最終決定権者としての国王を排除しただけだと、どうやって国家を統合するのか、誰が最終決断者なのか、という問題が残る。国王に代わって、主権者的な地位を占めるのは、革命家のふりをした、似非宗教的イデオローグかもしれない。フランス革命で、脱宗教化・共和主義化した国家の中核として、「理性の祭典」とか「最高存在の祭典」を演出した革命家たちのような。

アバンスールによると、そこでマルクスは、「国家」という枠を超えた、「民主主義」それ自体が立ち上がることに期待を寄せたわけですが、そんなものは本当に可能なのか、可能だとして、それもまた、人間を呪縛する顔貌作用を発揮するものにならないのか。国家をめぐる問題を、単に「ブルジョアの道具」「暴力装置」で済ませるんじゃなくて、国家を産み出した、根源にまで遡って考えるべきでしょう。

塩野谷 シュミットのカトリック保守主義は、現実の政治を成立させるためにはそれを支える何かしら宗教的な権威が基盤として必要であるという表明ですが、日本ならそれは天皇もしくは天皇制の権威として呼び出されるわけですね。かつて大塚英志は、「疎外された天皇を『断念』するために」（『少女たちの「かわいい」天皇』所収）で天皇制廃止論に転向するまで、象徴天皇制の存在を同様の論理において肯定していました。ただし大塚は、象徴天皇制を宗教的権威として理解していたわけではない。日本国憲法下において、天皇は宗教的権威ではなく、そのときどきの権力者に自身が国民から委託された権力の根拠がどこにあるのか、それを示すために存在しているのだ、と大塚は言います。しかし、そんなやり方もそろそろ限界になってきた、と。自身が天皇制廃止論に転向した理由のひとつとして、天皇を利用して日本国家の存在を可視化していくというこれまでのやり方を維持していくと、どこかで必ず近代的個人としての天皇家の人々を犠牲にしてしまうことになるのだ、という。

カントローヴィチ[※82]の議論に沿っていうなら、政治的身体と自然的身体とのあいだで天皇自身が疎外されるということを、人権思想の観点から問題にしているわけです。この論調は、明仁天皇退位の直前に刊行された『感情天皇論』まで一貫している。戦後民主主義の平和主義とは、それが象徴天皇制との共犯関係において達成されたものであった点に問題があるわけですが、論壇で戦後民主主義者を名乗りつづけてきた大塚が天皇制廃止を主張するようになったことは注目すべきでしょう。

※82　エルンスト・カントローヴィチ　二〇世紀ドイツ出身の歴史家。ユダヤ系であったため迫害を逃れてアメリカに亡命した。前近代ヨーロッパの王の政治神学的なあり方について論じた『王の二つの身体』が名高い。

話を逸らしてしまいましたが、シュミットとホッブズの話に戻りましょう。シュミットのホッブズ解釈に従うなら、リヴァイアサンが機能するためには宗教的権威と政治的権力とが一体化していなくてはならない。ここでは「リヴァイアサンが機能している状態」というのは、政治家や官僚の横暴を許さない状態という、実際の統治に関わる次元での問題です。この問題をもう少し拡大してみるとどうでしょうか。

ミカエル・フッセルが論じているように、ホッブズのリヴァイアサン的主権国家とは、絶対的恐怖を封じ込めていた古代的コスモス概念が失墜したところで要請されたものです。つまり、絶対的恐怖をより限定的な自然状態的恐怖へと置き換え、その自然状態的恐怖を封じ込めるために要請されたのが近代国家だった。ここでの国家の機能とは、先ほどお話ししたような精神分析におけるファルスの機能と非常に似ているように思います。

ホッブズ的リヴァイアサンを活性化させ機能させるために、カトリック的権威こそ重要であると考えたシュミットの試みは、その意味で神経症的努力として理解することができます。だからこそ、近代以降の政治制度が弱体化するたびに「世界の終わり」という主題が繰り返される。否定存在論的な穴が口を開き、アポカリプス的恐怖が私たちの前に到来する。パンデミックでもそうだったではないですか。

グローバル資本主義は危機を迎えるたびに自らが収奪してきた国民国家の枠組みに救済を祈

りますが、そのたびに国家は必ずしもうまく危機に対処してこられたわけではない。もっとも、パンデミックが思い知らせてくれたのは、世界は実際にはなかなか終わらないということ。あるいは、世界が終わったとしても私たちは依然として生きていかなくてはならないのだ、ということでしたが。

■われわれに突き付けられた国家主権

仲正 最終決定権としての国家主権を考えるさいに、シュミットが云うように宗教的なもの、神学的なものを抜きには考えられない。だから「政治神学」なんです。シュミットによると、普段は主権について考えなくていい、市民法が機能しているから問題はない。決断するときに、主権の問題が出てくると。

塩野谷 「主権者とは、例外状態に関して決断を下す者である」。具体的には……？

仲正 緊急事態ですね。緊急事態になって、普通の法律では判断しにくい問題が出てきたとき、国家主権の所在がはっきりする。どこに主権があってそれがどう究極の選択をするのかによって決めて、それ以降の国家の形がはっきりするというのがシュミットの主張です。日本もコロナ対応をめぐっては、かなり曖昧な形ですが、緊急事態宣言という形で、国家主権の問題に直面しました。野党がいくら頑張っても、緊急事態宣言を出すことはできないので、普段は自民党の改憲案の国家緊急事態条項を必死で否定している人たちが、「緊急事態だ、決断しろ!」、つまり主権者らしいところを見せるよう迫るという、妙な事態になった。

旧統一教会への質問権行使も、国家主権の問題に関わっている。これまでの国家と、宗教の間の関係を見直し、国家として許容できる宗教とできない宗教の線を引く決断をしようとしているのですから。国家主権が問題になっていることを、じつに左翼は理解できていない。塩野谷君もコロナの件で、この問題について書いてますね。[※83]

塩野谷　コロナ禍のときと旧統一教会のときとでは、左派の反応がちがうということですね。しかし、数年前の緊急事態宣言のときにも、リベラル派の一部は政府にロックダウンを要求していました。そしてそれに対しては、左派内部からもかなりの批判があったと記憶しています。だけど、政府自民党もまた、そのような形での国家権力発動にはいたらなかったのです。もし、欧州諸国並みのロックダウンを敷いていれば、例外状態における非常時大権の発動として前例を作ったり、あるいは例外状態そのものを恒常化させる絶好の機会であったにもかかわらず、です。だけども、あの当時に政府がそこまでの強権を発動せずとも事態を収拾できると考えたのは、昭和天皇が亡くなった後の自粛ムード形成の成功体験があったからでしょう。ヨーロッパに比べて、よりソフトな形で人々を手懐ける道を選んだ。

仲正 旧統一教会がどうしても日本に適合しないけど、現行法ではなかなか対応できないので、特別な措置を取るしかないと立法・司法・行政を動かして、政治的に決定するなら仕方がないですが、それが、左翼連中が忌み嫌ってきた国家主権の発動だという自覚があるのだろうか。コロナ以前は、安易な主権行使は、緊急事態法制につながるからダメだと言っていたのを忘れたのか。

国家主権はカール・シュミットが云うように、ハッキリしたものでなければいけないのか、あるいはもっと漠然としていても、国家や民主主義は機能するのか。漠然とした形で国家が成立しているのなら、それはシャンタル・ムフ※84が言うような闘技的民主主義とどう関連するのか。ポストモダン左翼には、闘技的民主主義が好きな人が多いけど、それは主権の取り合いとは違うのか。とにかく左翼の人たちは、「国家権力」という言葉を嫌うだけで、それが実際どういう

※83 「コロナ・ワクチンをめぐる政治学——二十一世紀の生権力と、パンデミックのレガシー」(『情況』二〇二一年夏号)

※84 シャンタル・ムフ ベルギー出身の政治学者。著書に『政治的なものについて——闘技的民主主義と多元主義的グローバル秩序の構築』など。

うものかちゃんと考えていない。

　統一教会問題に関連して、国家主権というテーマが改めて浮上したわけですが、国家と宗教の関係はそんなに単純ではない。宗教と国家をめぐる議論が、いまの思想・哲学研究者や左派言論人に欠けていると思う。国家主権のレベルに限らず、コミュニティでの助け合いや絆と呼ばれるものも、宗教の問題は必ず出てくると思いますよ。統一教会の信者が地域ボランティアにもぐり込んでいたのを問題視して、潜入工作だと騒いでいましたが、近所の優しくて、献身的に清掃とか交通整理とかしている人に、宗教的背景はないのか。掘っていくと、いろいろ出てくると思いますよ。「絆」の実体とは何なのか、その共同体に宗教性はないのか。そういう社会の深層を考えなければいけないと思います。

塩野谷　同感です。これからの課題ということですね。

仲正昌樹（なかまさ・まさき）、一九六三年生。

金沢大学法学類教授。

一九九六年、東京大学大学院総合文化研究科地域文化研究専攻博士課程終了（学術博士）。

一九九五〜一九九六年、ドイツ学術交流会給費留学生としてマンハイム大学に留学。帰国後、駒澤大学文学部非常勤講師（哲学・論理学）などを経て、二〇〇四年以来現在にいたる。

著書に、『〈ラディカリズム〉の果てに』、『教養主義復権論』『リア充〈幻想〉』、『哲学は何のために』など（いずれも弊社刊。翻訳に、ハンナ・アーレント著『完訳カント政治哲学講義録』『アーレントの二人の師』『デリダのエクリチュール』（いずれも弊社刊）、など。。

塩野谷恭輔（しおのや・きょうすけ）、一九九五年生。

『情況』第六期編集長。

東京大学大学院修士課程修了。宗教学・旧約聖書学。

論文・論考に、「「神の箱」物語の文学的効果——申命記主義的編集層から——」（『一神教世界』13）、「コロナ・ワクチンの政治学——二十一世紀の生権力とパンデミックのレガシー」（『情況』（2021年夏号）、「インタビュー・笠井潔」（『情況』など）。

宗教を哲学する

——国家は信仰心をどこまで支配できるのか——

2023年7月20日　第1刷発行

著　　者　仲正昌樹・塩野谷恭輔

発 行 人　西巻幸作
企画・編集　横山茂彦
組　　版　大谷浩幸

発行所　株式会社 明月堂書店
〒162−0054　東京都新宿区河田町3-15 河田町ビル3F
電話 03-5368-2327
FAX 03-5919-2442
印刷所　中央精版印刷株式会社

ISBN978-4-903145-78-5 C0036